Evi Crotti et Alberto Magni

Gribouillages

Le langage secret des enfants

Traduit de l'italien par Loïc Cohen

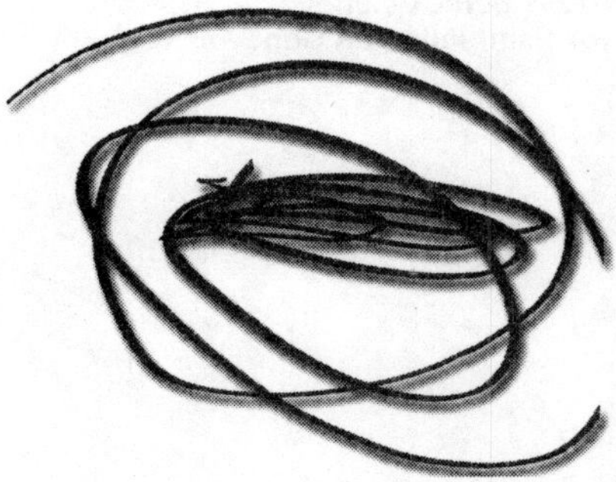

jouvence
EDITIONS

Extraits du catalogue Jouvence

- *Le père, à quoi ça sert ?*, par Simone et Moussa Nabati, 1995
- *Apprivoiser la tendresse*, par Jacques Salomé, 1989
- *Découvrir les vraies richesses*, par Pierre Pradervand, 1996
- *Vivre la nature avec les enfants*, par Joseph Cornell, 1995
- *L'encyclopédie des points qui guérissent*, par le Dr Roger Dalet, 1996
- *Pour aider à mieux vivre : les outils de la* PNL, par Christiane Grau, 1996
- *La télévision buissonnière*, par René Blind et Michaël Pool, 1995

Collection Pratiques Jouvence
- *L'enfant timide*, par Marie-France Muller, 1997
- *La pause de 90 secondes*, par Rolf Herkert, 1996

Catalogue gratuit sur simple demande auprès des Editions Jouvence
Suisse : CP 143, CH-1233 Bernex-Genève
France : BP 7, F-74161 Saint Julien en Genevois cedex

Titre original : *Come interpretare gli scarabocchi : la lingua segreta dei bambini*

ISBN 2-88353-160-9

Mise en page et couverture : *Dynamic* 19 - *Thonon*
Les illustrations en noir et en couleurs nous ont été aimablement fournies par Red Edizioni

Sommaire

Nous tenons à remercier

Lidia Bagattini, Lucia Simotti et Wilma Bit

pour leur collaboration efficace et leur aide précieuse,

surtout en ce qui concerne

la phase de recherche expérimentale.

Le livre

Ce livre est divisé en trois parties.

Dans la première qui a pour thème « Le gribouillage », on a cherché à interpréter cette expression première de la créativité de l'enfant de 1 à 3 ans.

La deuxième partie suit l'évolution de l'enfant de 3 à 4 ans: du gribouillage au dessin, l'apparition des premières formes et personnages, la composition sur la feuille de papier de scènes toujours plus complexes...

La troisième partie, enfin, est consacrée au dessin, et en particulier aux tests psychologiques les plus significatifs, ceux qui expriment avec une grande clarté la personnalité de l'enfant: les personnages, l'arbre, la maison, la famille.

Chaque partie – et tous les chapitres qui la composent – est accompagnée de nombreuses illustrations.

Les auteurs

Evi Crotti, psychologue et pédagogue, a fondé en 1975 à Milan la première école de graphologie inspirée des enseignements de Girolamo Moretti, école qu'elle dirige encore aujourd'hui. En 1986, elle a organisé le premier Congrès national de psychologie et de graphologie. Elle consulte également dans des cabinets d'avocats pour des expertises graphologiques, et en entreprise pour la sélection et la formation du personnel. Elle collabore avec divers journaux, s'occupant en particulier de l'écriture et de l'âge adolescent.

Alberto Magni, chirurgien, se consacre à la médecine psychosomatique, à la médecine légale et à la psychothérapie. Il participe aux activités psychologiques, graphologiques et diagnostiques du Centre d'études et de recherche Crotti-Magni, en s'occupant plus particulièrement des aspects cliniques. En outre, il écrit des articles pour des revues médicales.

Préface

Nous avons tous au moins trois vies: une vie réelle, une vie imaginaire et une vie inconsciente. Mais il se trouve que les enfants, et pas seulement les enfants en bas âge, vivent justement ce dernier type d'existence que les parents ne peuvent pas connaître. Mais, quand l'enfant devient adulte, il cède à la fascination d'un univers toujours plus logique et cohérent. L'adulte se cramponne à des modèles rationnels, convaincu qu'ils le conduiront à une maturité accomplie. Mais le véritable univers se trouve un peu au-delà de la logique. Dans leur livre, Evi Crotti et Alberto Magni nous aident à le découvrir, en nous invitant à nous remettre à l'écoute des autres, surtout des plus petits. Ce n'est pas une démarche facile.

Chacun d'entre nous conserve, d'une manière très vive, quelque traumatisme au fond de sa mémoire. Je me rappelle comme si c'était hier notre désarroi, à moi et à ma femme, le jour où, en rentrant du bureau, nous nous sommes aperçus que Stefano avait barbouillé avec un feutre rouge la moitié de l'appartement. Ne connaissant pas encore Evi Crotti, ma première pensée ne fut pas de lui confier le coupable pour une thérapie; nous nous sommes contentés d'évaluer les dégâts causés à la tapisserie.

Que s'était-il donc passé à l'époque dans la tête de l'enfant? Aujourd'hui, Stefano l'explique ainsi: "*Ma carrière de peintre a débuté alors que je ne savais pas encore marcher. Je me souviens que ma première décision fut d'apprivoiser les outils: j'ai mordu un crayon, mastiqué une gomme et sucé un stylo. Ce fut la passion dès ces premières sensations gustatives. J'ai commencé par dessiner au crayon et je me suis mis à remplir des feuilles et des feuilles d'esquisses de paysages de campagne. Et mon père n'arrêtait pas de me demander: "Qu'est-ce que tu as dessiné?" On avait du mal à comprendre mon art.*"

Si l'adulte ne l'écoute pas, l'enfant fera tout pour se faire entendre. Voyons comment cela se passe. "*A un certain moment*", continue Stefano, "*j'ai pensé que mon avenir résidait dans la technique de la fresque. J'ai commencé à peindre des scènes de chasse dans la chambre à coucher parce que j'avais à ma disposition un mur qui se prêtait parfaitement à ce genre de sujets. Quand est venu le moment de représenter l'horizon, j'ai appliqué un feutre rouge sur le mur et j'ai commencé à courir jusqu'au fond du couloir. Satisfait du résultat, j'ai ressenti le besoin d'approfondir cette idée. En proie à une véritable fièvre créatrice, je me suis mis à danser en avant et en arrière, convaincu qu'une dizaine de lignes assurerait mieux l'impression de mouvement. Cette fois, à leur retour, mes parents n'ont pas perdu de temps à me demander ce que j'avais dessiné. Ils m'ont flanqué une raclée. Je pleurais pour eux, les pauvres, qui n'avaient vraiment rien compris. Et je me suis résigné en pensant que jamais, au grand jamais, je n'aurais pu les convaincre de mon génie créateur.*"

"*Stefano, je suis plus optimiste que toi. Il y a quelques jours de cela, lors d'une réunion informelle avec quelques collègues ayant tous des enfants en bas âge, je me suis amusé à lire une dizaine de lignes de ce livre. Des professeurs, momifiés dans la certitude de leur science, se sont retrouvés désarmés et troublés. L'un deux m'a confié qu'il souhaiterait obtenir immédiatement un exemplaire du livre en avant-première.*" Commentaires de Stefano: "*Ils ne recherchent pas ce livre pour comprendre leurs enfants, mais pour impressionner leur conjoint. Et dire que le parcours à accomplir est si simple: il suffirait d'écouter avec les oreilles d'un enfant!*"

Je ne me souviens pas bien où j'ai déjà lu cette phrase. La première fois que je l'ai entendue, j'étais moi-même un enfant. Etait-ce dans les Evangiles? S'il en était ainsi, il faudrait un miracle pour comprendre qu'il y a croissance à la seule condition que nos enfants deviennent une partie de nous-mêmes. Evi Crotti et Alberto Magni nous offrent les moyens de tenter cette expérience.

Gianfranco et Stefano Piantoni
Université Bocconi de Milan

Introduction : les tests projectifs papier-crayon

Tout dessin est l'expression de la personne qui le réalise. Pensons au petit enfant : dès sa deuxième ou troisième année, il gribouille, trace des lignes, laisse des signes sur le mur ou bien partout où c'est possible, dessine des entrelacs sur le sable ou sur le sol, avec les doigts s'il n'a pas de craie, avec une brindille s'il n'a pas de crayon. C'est sa manière à lui d'écrire, ou plutôt de parler : ces signes qui, à première vue, semblent des pâtés incompréhensibles sont en réalité des propos très éloquents que l'enfant adresse, en priorité, à sa mère et à son père.

Chaque trait a un sens particulier : on en a la confirmation quand on demande au petit "gribouilleur" de raconter ce qu'il a dessiné : "*Ça, c'est pépé, ça c'est le chat, là c'est maman, et là, c'est moi*". Et dire que, sur la feuille, il peut y avoir quelque quarante signes plus ou moins semblables et que chacun d'eux revêtira aux yeux de l'enfant un sens différent! Ensemble, ces traits composent une histoire : celle des désirs, des émotions, de la peur, des étapes de son développement, ses rythmes biologiques et psychologiques. C'est cette histoire qui est projetée sur la feuille. Voilà pourquoi on qualifie communément ces tests de "projectifs".

De cette manière, l'auteur du dessin dialogue avec le monde des adultes : il revient aux adultes de découvrir et de suivre le fil de ce discours fascinant. Avec du bon sens et surtout de l'affection, nous saurons toujours interpréter ces signes qui ne sont jamais insignifiants. Quand un enfant vous montre une feuille de papier pleine de gribouillis, il vous montre en fait une partie de son monde, une partie de lui-même.

Nous savons qu'il y a aussi autre chose dans le dessin infantile : l'enfant, s'entraînant à bien utiliser le crayon, fait appel à une coordination équilibrée de ses mouvements. Il s'habitue à organiser, dans un espace préétabli, des idées et des impulsions, et c'est pourquoi nous ne devons jamais le gronder s'il dessine sur tout ce qui se trouve à portée de sa main. Si cela se produit, il faut mettre à sa disposition du papier et des crayons de couleur. Les enfants à qui l'on donne toute facilité pour dessiner seront moins empruntés dans leurs mouvements et auront plus de facilité à s'exprimer. Ce n'est pas par hasard si les psychologues et les neuropsychiatres de l'enfance utilisent justement le dessin comme un moyen privilégié pour comprendre les troubles de la croissance.

Le gribouillage (de 1 à 3 ans)

Les origines

L'homme primitif a laissé des traces de sa présence par ses empreintes, en frottant ses doigts sur l'argile ou en traçant les contours de sa main appuyée sur les parois d'une caverne. Ces signes, aujourd'hui encore, nous stupéfient, mais pensons à la surprise que l'homme a dû ressentir en découvrant ce qu'il était capable de faire avec sa propre main.

C'est ce même étonnement qu'éprouve l'enfant quand, en gribouillant des signes sur une feuille, il prend conscience d'exister, d'être une entité distincte du reste du monde et de témoigner de sa présence, tangible et concrète.

Giuseppe, à la crèche, parle de sa vie pendant qu'il gribouille : "*Ça, c'est maman, ça, c'est le papa d'Elisa, ça, c'est la glace dans le bateau ...*"

Son père est mort depuis quelques mois et il exprime sa souffrance d'un geste nerveux, contracté, douloureux. Il s'exprime avec son crayon quand il ne parvient pas à le faire par la parole.

Les parents qui conservent les gribouillages de leurs enfants, même les plus "affreux", ont un bon réflexe. Il y a quelque chose de magique, de pur, d'artistique qui relie le petit au monde et qui unit les enfants du monde entier, car le gribouillage est un fait universel. On le retrouve en effet, semblable, dans toutes les cultures, chez tous les peuples et sous toutes les latitudes.

Certains artistes contemporains (pensons aux peintres "informels": Jackson Pollock, par exemple) maintiennent un contact spécifique avec ce type de gestuelle qui, à travers une trace apparemment informe sur la feuille, ressuscite le geste primitif qui permettait de s'exprimer, de laisser une empreinte.

Nos enfants, donc, célèbrent, avec le gribouillage, l'origine de l'écriture. C'est un acte primitif, mais chargé de sens: c'est le début de l'aventure, un moment de la construction du langage écrit qui aboutira à la communication. C'est comme un "cordon ombilical" symbolique qui permet à l'enfant de se sentir uni à sa famille et, en même temps, de rechercher sa propre autonomie. La main libre de l'enfant, en parcourant la feuille en long et en large, n'écrit pas de mots, mais laisse une trace, une expression, la sensation d'exister et un désir profond de le faire savoir à tous.

Naissance du graphisme

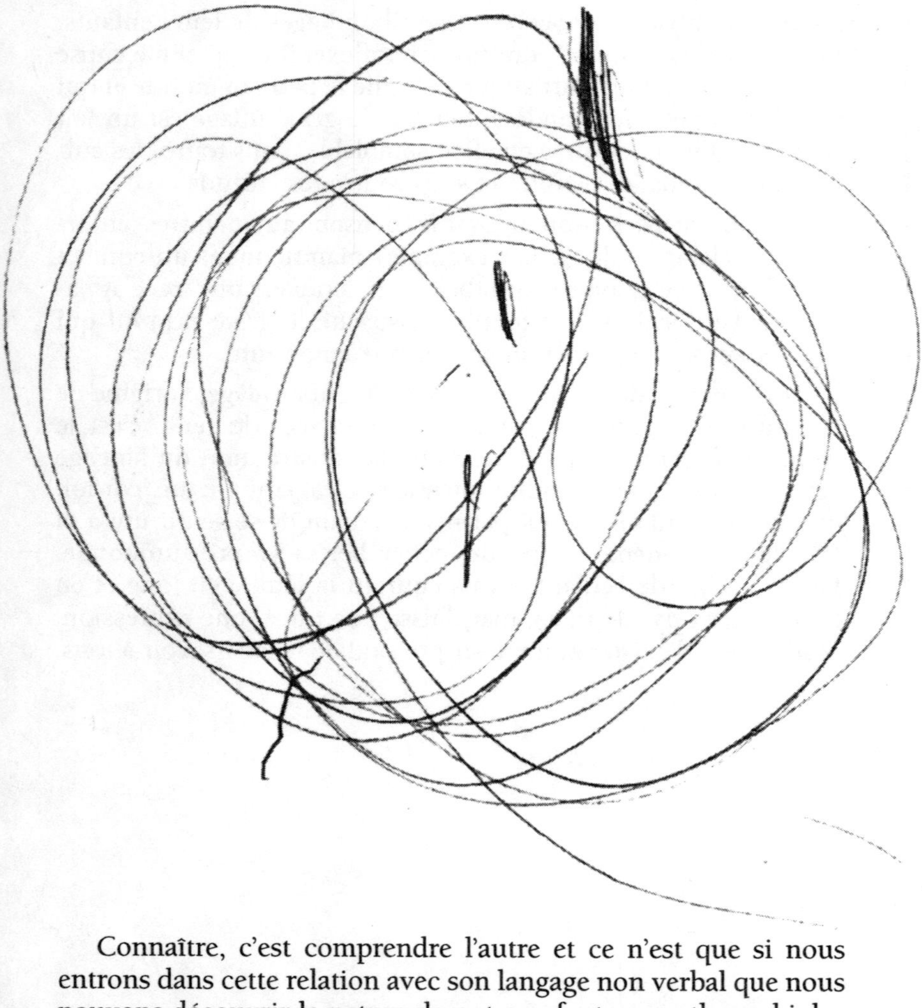

Connaître, c'est comprendre l'autre et ce n'est que si nous entrons dans cette relation avec son langage non verbal que nous pouvons découvrir la nature de notre enfant, ses rythmes biologiques, ses besoins réels, et que nous pouvons l'aider à grandir en respectant son environnement naturel.

Avec le gribouillage, on va surtout explorer l'aspect instinctif et affectif de l'enfant qui stimule son comportement. C'est la sphère que l'on peut chercher à pénétrer dès les premiers stades de l'enfance à travers les riches messages qu'elle nous délivre: sourires, pleurs, joie, tristesse... Et tout cela, nous le voyons dans sa façon de gribouiller. Cet aspect du vécu de l'enfant contient toutes les émotions et les sentiments, lesquels peuvent être positifs ou négatifs; c'est à l'adulte qu'il revient de les découvrir pour orienter au mieux la vie de l'enfant. L'aider à surmonter sa peur, son agressivité, sa colère, ses réactions, ses angoisses et la jalousie, implique de renforcer en lui les émotions et les sentiments liés au bien-être, comme l'amour, le plaisir, la stabilité de l'humeur et le rapport aux personnes et aux choses.

Le fait de gribouiller sur une feuille permet une communication entre l'adulte et l'enfant; le langage non verbal permet à l'enfant d'exprimer tout son univers intérieur et d'être ainsi en mesure de transmettre l'intensité de ses émotions. Il peut ainsi établir un rapport plus profond aux autres et aux choses, en investissant son énergie vitale et émotionnelle dans un plus grand nombre d'objets.

Le gribouillage de l'enfant contient deux composantes typiques: le ***geste*** et le ***tracé***. La première est la manifestation de l'intentionnalité, de la spontanéité, du hasard ou de la tentative de représenter quelque chose. La deuxième est la manifestation de la maîtrise (de l'aisance ou de la difficulté ressentie), de l'occupation de l'espace, de la prévalence des lignes courbes ou des angles, et ainsi de suite: tout ce qui, ensuite, peut être compris et éventuellement interprété.

Le fait de gribouiller comprend au moins deux stades fondamentaux qui vont de l'instant où l'enfant décide de laisser une trace au moment où celle-ci prend forme. C'est comme lorsque l'on décide d'écrire ou de dessiner quelque chose: on recherche la prétendue "inspiration", qui n'est en réalité qu'une élaboration mentale dont le but est de réaliser quelque chose de précis.

L'aspect sensoriel et l'aspect moteur revêtent une grande importance dans la détermination de l'activité graphique chez le petit enfant. Le sensoriel met à la disposition de l'enfant un système très sophistiqué, étant donné qu'avec ses organes sensoriels l'enfant perçoit les innombrables messages que le monde environnant lui envoie. L'élément moteur permet à l'enfant d'agir sur le monde environnant lui-même. A travers le gribouillage, il affine sa perception de la réalité.

Depuis qu'il a commencé à manipuler des objets, c'est-à-dire vers l'âge de trois mois et demi, l'enfant vit une succession d'expériences qui revêtent une grande importance pour sa vie intellectuelle, affective et émotionnelle.

Vers deux ou trois ans, alors que le graphisme est déjà présent dans la vie de la plupart des enfants, le niveau de maîtrise est tel qu'il permet la coordination des mouvements afin de réaliser une œuvre "artistique".

La richesse de la période préscolaire n'est pas toujours appréciée à sa juste valeur par les adultes, qui ont tendance à considérer que les "productions" de l'enfant sont bonnes pour la poubelle ou, à l'inverse, à se répandre en compliments excessifs, lesquels sont davantage la manifestation d'une surprotection que d'une véritable démarche éducative.

A la crèche, déjà, l'enfant commence à affiner son tempérament et son caractère. Si l'adulte réussissait à mettre de côté son vécu et à éviter de projeter sa personnalité sur celle de l'enfant, il pourrait découvrir chez celui-ci des caractéristiques qui, autrement, lui échapperaient. Un des avantages du gribouillage par rapport à d'autres formes d'expression, c'est la possibilité de l'analyser après sa création. En ce sens, il se révèle plus significatif que l'expression verbale qui, même enregistrée sur bande magnétique, sera moins chargée de sens. En outre, le sens profond du gribouillage peut être compris non seulement par l'adulte mais aussi par l'enfant lui-même, ce qui renforce l'impulsion naturelle à la communication et aux relations.

La connaissance de ce langage nous permet de mieux connaître l'enfant, qui a parfois du mal à révéler des informations sur lui-même. Un enfant plein d'énergie, par exemple, projettera dans le tracé graphique toute sa vitalité, qui se manifestera par des coups, des grandes zébrures, des coupures et des angles plus que par des lignes molles. En interprétant ces signes, nous apprendrons à connaître des aspects encore inconnus de sa personnalité.

Evolution du graphisme

LA MATURATION DU SYSTÈME NERVEUX EN FONCTION DES CAPACITÉS REPRÉSENTATIVES

Pour comprendre comment un enfant commence à gribouiller, puis à dessiner ou à écrire, il faut tenir compte de certains concepts comme la motricité, la perception, la latéralité, l'espace, la fonction symbolique, le langage, etc. – des éléments qui concourent tous à la structuration de la capacité expressive graphique. La maturation du système nerveux – caractérisée par des stades bien définis à des âges qui, eux, ne le sont pas – est une condition indispensable pour que l'enfant puisse manier de manière appropriée le crayon sur la feuille. Cela signifie que le développement de certaines capacités peut être précoce chez certains enfants et tardif chez d'autres.

Dans la progression de la coordination des mouvements, on distingue quelques niveaux principaux.

Le niveau moteur (jusqu'à 20 mois environ)

Les traces sur la feuille sont *homolatérales*, c'est-à-dire que, lorsqu'elles sont exécutées avec la main droite, elles sont situées sur la partie droite de la feuille, et à gauche si l'enfant utilise la main gauche.

Elles ont tendance à être *centrifuges*, c'est-à-dire qu'elles partent du point le plus près du sujet qui dessine et qu'elles se prolongent, soit à droite, soit à gauche. Les lignes courbes peuvent être à *direction positive*, c'est-à-dire dans le sens inverse des aiguilles d'une montre, ou *négative*, c'est-à-dire dans le sens des aiguilles d'une montre. Le choix n'est pas arbitraire, car il est lié au type de structuration cérébrale, et il ne variera pas jusqu'à l'âge de trois ans environ. Ce n'est qu'à la fin de cette période que l'enfant est en mesure d'exécuter des cercles complets.

Le niveau perceptif (de 20 à 30 mois)

On distingue une première phase dans laquelle l'enfant adapte progressivement ses gestes manuels à l'espace graphique dont il dispose, d'une seconde phase dans laquelle il passe de la maîtrise du geste – et donc de la main – au contrôle du tracé : dans un premier temps, l'œil suit la main qui écrit, puis il la guide et la dirige où l'enfant le désire (voilà pourquoi il est si difficile, mais si utile, pour un petit enfant de colorier des images en ne dépassant pas leurs contours). Ce contrôle simple s'affirme de plus en plus, améliorant ainsi la qualité du trait et de l'ensemble de l'œuvre.

Le niveau de la représentation (de 30 à 48 mois)

C'est la période au cours de laquelle l'enfant est capable d'associer l'expression graphique avec l'expression orale, c'est-à-dire d'associer au dessin des descriptions prononcées à haute voix. D'habitude, cette phase coïncide avec la capacité acquise d'exécuter des lignes brisées – ce qui permet la réalisation, sur une même feuille, d'un plus grand nombre d'objets distincts et reconnaissables. Les éléments qui permettent ce passage, fondamental pour l'évolution ultérieure, sont au nombre de quatre.

1. la forme : qui permet de distinguer et de dessiner une ligne droite plutôt qu'un cercle.

2. la proportion : grâce à laquelle un objet est plus ou moins grand qu'un autre.

3. le nombre : qui favorise la description d'ensembles de choses ou de personnes.

4. l'espace graphique: c'est-à-dire l'espace défini et limité par les bords de la feuille.

De la représentation d'éléments simples mis côté à côte naîtront des objets plus complexes: par exemple un cercle et une ligne droite constitueront l'ébauche de la figure humaine, appelée "l'homme têtard".

Voici le moment où naissent les premières tentatives de *graphisme structurel*, c'est-à-dire ce type de gribouillage qui tend à imiter l'écriture des adultes.

Après cette phase commence, habituellement vers 4-5 ans, la différenciation entre les formes non figuratives – qui finiront par constituer l'écriture – et les objets figurés qui établiront la base du futur dessin.

Interprétation

Ce qu'il faut observer

Quand un enfant gribouille, il envoie une infinité de messages qu'il convient d'apprendre à observer pour bien les interpréter. Cette règle est valable aussi bien pour les éducateurs que pour les parents, et elle est indispensable si l'on veut éviter de commettre des erreurs. Il faut donc observer *la prise* – comment l'enfant tient son crayon –, *l'espace occupé, le point de départ* sur la feuille – là où l'enfant commence son dessin –, *le trait* laissé sur le papier, *la pression* exercée sur la feuille et la forme que prend le gribouillage.

La prise. Il est nécessaire d'évaluer si celle-ci semble souple ou bien forcée. Dans le premier cas, il s'agit de l'expression d'une motricité libre et relâchée; dans le second, il s'agit de la manifestation d'une contracture due à des tensions de types divers. Il est bon d'apprendre à l'enfant à adopter une prise correcte, mais sans le forcer. Ainsi, son système neuromusculaire et psychomoteur tout entier en tirera profit.

L'espace. Très rempli, il manifeste la confiance, l'expansion, l'extraversion, la volonté de grandir. Peu rempli, il signale un enfant craintif, inhibé, introverti, timide.

Le point de départ. Normalement, l'enfant devrait commencer son dessin au centre de la feuille, traduisant ainsi la façon dont il se situe dans le monde extérieur. Si ce n'est pas le cas, c'est peut-être le signe d'une inhibition ou d'une timidité. Il est important que dans les premières années de sa vie, l'enfant puisse satisfaire le besoin naturel de se sentir au centre du monde.

Le trait. Il peut être assuré ou, à l'inverse, tremblotant ou hésitant. Dans le premier cas, l'enfant peut exprimer son aisance dans le mouvement, sa liberté de se salir, d'explorer et donc de dessiner; le second cas peut signaler une hésitation et une crainte de barbouiller, une peur de la désapprobation et des reproches qui pourraient être liées à une éducation trop axée sur la propreté.

La pression. Le geste graphique peut être léger ou marqué. Un trait à peine perceptible met en évidence une nature sensible et correspond à un comportement semblable dans le jeu et dans la vie quotidienne. Un trait appuyé, à l'inverse, indique une forte énergie, une bonne vitalité et la nécessité pour l'enfant de disposer de vastes espaces.

La forme. Le cercle, l'angle, les lignes brisées et les pointillés sont des expressions de la façon de se situer dans le monde, de se percevoir et de se développer.

La prise

Ce qu'il importe d'observer chez l'enfant au sujet de la prise, c'est l'effort ou, à l'inverse, la facilité avec laquelle il prend en main l'instrument qui lui sert à écrire ou à dessiner. Si en définitive la prise s'avère peu habituelle ou trop personnelle et apparemment peu harmonieuse, il ne faut pas nécessairement en conclure que l'on se trouve en présence d'un trouble moteur organique ou fonctionnel.

Il faut savoir que la position la plus correcte de la main qui tient le crayon est la position « ergonomique », c'est-à-dire celle qui est la plus efficace en termes de force dans l'écriture, avec une fatigue minimum au niveau des doigts. Cette prise se caractérise par une flexion moyenne de tous les doigts qui, de manière idéale, doivent envelopper une sorte de sphère.

Avec cette prise idéale, on peut écrire longtemps sans trop se fatiguer.

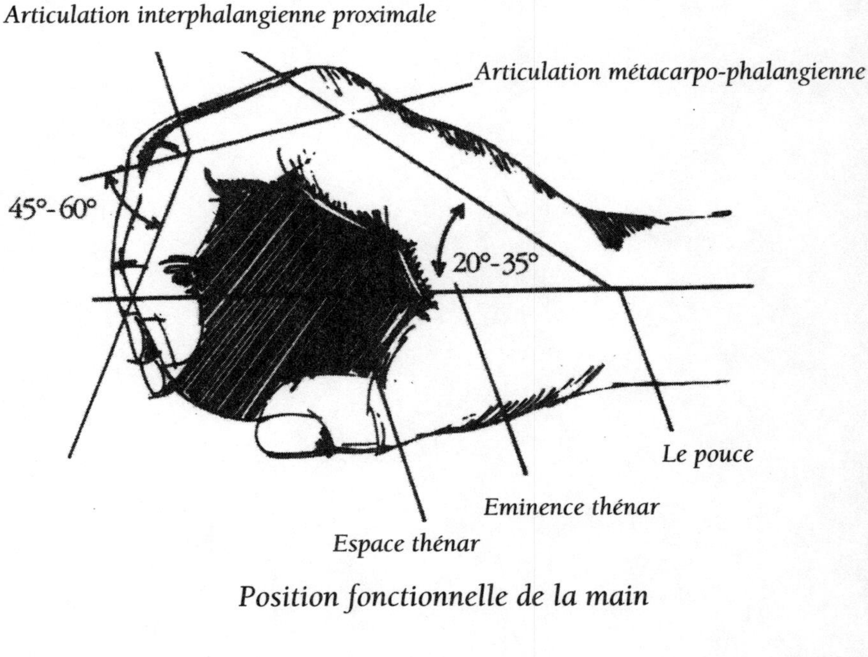

Position fonctionnelle de la main

Il existe cependant de nombreuses variantes qui permettent également d'écrire et de dessiner correctement. L'adoption d'une prise anormale – surtout lorsqu'il s'agit d'un petit enfant, aux prises pour la première fois avec des pinceaux et des crayons – peut être interprétée comme la recherche d'une façon idéale de tenir le crayon entre les doigts. Ce n'est que plus tard, vers 8-12 ans, quand le système nerveux sera bien structuré, que nous pourrons remarquer – et éventuellement corriger – des prises anormales.

Le même raisonnement s'applique pour le choix de la main, droite ou gauche, qui doit être le plus spontané possible et respecter la tendance naturelle (la latéralité physiologique) de l'enfant. Toute contrainte constitue une entrave à une structuration psychomotrice harmonieuse et peut entraîner des inhibitions, un ralentissement ou une altération du développement de l'aptitude à l'écriture, au dessin et même à l'expression verbale.

L'occupation de l'espace

Pour pouvoir comprendre et déchiffrer un gribouillage, il est nécessaire de s'impliquer, sans idées préconçues, dans l'impulsion créatrice qui pousse l'enfant à s'emparer d'un crayon pour virevolter de manière informelle sur la feuille. Cela lui permet d'explorer l'espace et de se mesurer à lui.

L'enfant se déplace sans raison apparente et barbouille la feuille, pratiquement en dansant dessus. De cette manière, il révèle son tempérament, sa sphère affective, les mouvements qu'il est en mesure d'accomplir, le rythme qu'il est capable de soutenir et sa force vitale.

Le crayon, dans la main de l'enfant, obéit à un ordre précis de l'esprit, ce qui rend visible tout ce qu'il éprouve en lui-même. L'intensité de l'impulsion vitale s'exprime dans l'acte graphique – un geste universel de liberté et de vie.

L'occupation de l'espace va souvent au-delà des bords de la feuille, ou bien, à l'inverse, le geste est à peine mis en évidence; l'enfant gribouille vers le haut ou reste dans la zone située plus bas, près de lui. Dans une telle situation, nous disons que l'enfant ne veut rien illustrer du tout, mais seulement exprimer ce qu'il ressent à l'intérieur. Ainsi que l'affirme le peintre américain Jackson Pollock: "*Je peins sans effectuer de tracés préliminaires. Ma peinture est immédiate... ma façon de peindre est la manifestation naturelle d'un besoin. Je veux exprimer mes sentiments et non les illustrer.*"

Quand l'enfant occupe toute la feuille d'**un geste courbe**, il met en lumière un **tempérament extraverti**, c'est-à-dire une nature qui le porte à bien vivre son environnement, ce qui se trouve à l'extérieur de lui-même. D'un caractère expansif, il a besoin de beaucoup d'espace, de dépenser dans le jeu dynamique son trop-plein d'énergie, de découvrir la diversité du monde qu'il veut explorer. Son caractère joyeux, allègre, généreux et sociable lui vaut la sympathie des autres, mais il se montre aussi exigeant en cherchant constamment approbation, confirmation, câlins et sourires. Projeté vers l'extérieur, il cherche à avoir autour de lui le plus d'amis possible. Sa vitalité le pousse à être continuellement en mouvement. Un tel enfant ne doit pas rester tout le temps seul avec ses parents, car il a besoin de la compagnie des enfants de son âge.

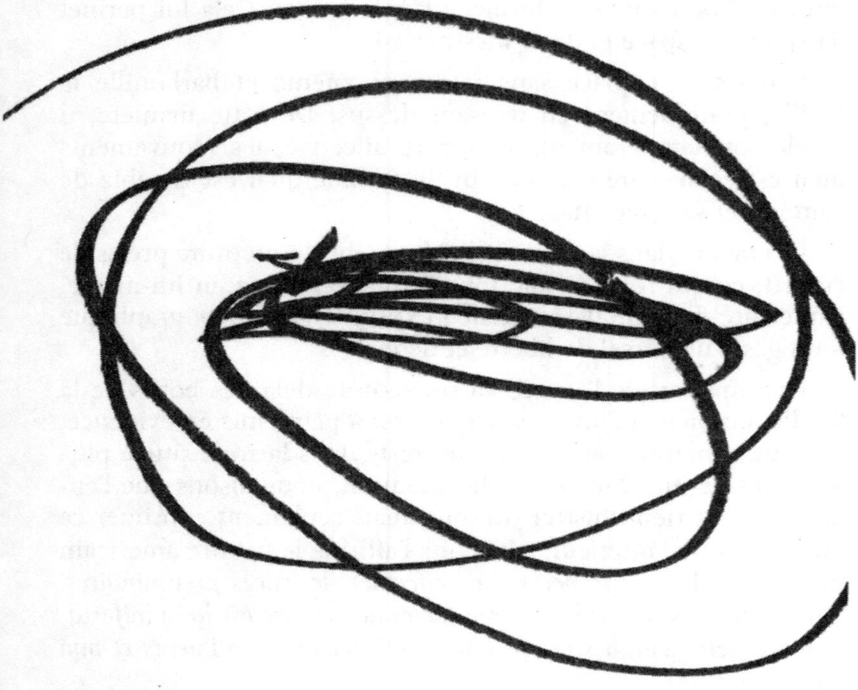

Ce trait de son caractère nous permet non seulement de mieux le découvrir, mais de comprendre aussi comment l'éduquer au mieux : en favorisant, par exemple, sa rencontre avec des copains, ou en lui concédant tout l'espace nécessaire pour qu'il puisse dépenser ce trop-plein de vie qui le caractérise. Nous éviterons ainsi de susciter en lui des moments de mélancolie, ou bien cette agitation forcenée et continuelle qui nous poussera inéluctablement à dire : "*Mais tu ne resteras donc jamais tranquille!*"

A l'inverse, l'enfant qui gribouille en faisant des **angles**, des **arêtes** et des **mouvements contenus**, révèle un **tempérament introverti**. Par nature, il a besoin d'espaces limités, plus sécurisants, protégés. Son énergie s'investira dans la construction de quelques rares jeux sélectionnés qui pourtant le satisferont. Il n'a pas besoin d'avoir beaucoup d'amis, mais ses centres d'intérêt sont multiples.

C'est un enfant qui n'aime pas beaucoup la confusion, et c'est pourquoi il ne sert à rien de le "lancer dans la mêlée". Il faut par contre respecter son introversion, qui fait partie de son caractère et qu'il ne faut pas confondre avec la tristesse, la mélancolie, le repli sur soi ou avec un problème de communication. Ce genre de trait a une base pour ainsi dire "constitutionnelle", la timidité, qui n'est pas due à une éducation erronée, mais plutôt à une sensibilité foncière qui pousse l'enfant à considérer son environnement comme un soutien.

Le point de départ sur la feuille

Quand l'enfant commence à gribouiller, il est normal qu'il parte de la **zone centrale** de la feuille, ce qui lui permet de faire l'expérience de son égocentrisme naturel. Il met ainsi en évidence le bien-être, la joie, la gaieté de se sentir au centre des intérêts de l'adulte et il n'y a rien de plus satisfaisant pour lui que d'éprouver une telle sensation.

Si l'enfant commence son gribouillage à partir de la **périphérie de la feuille**, c'est peut-être le signe d'une inhibition ou d'un sentiment d'étrangeté face à l'environnement. C'est comme si quelque chose l'empêchait d'inspecter, d'explorer ou d'occuper un espace qui lui revient; c'est un frein à l'expansion de ses sentiments.

Le fait de gribouiller en partant de la droite ou de la gauche de la feuille exprime des caractéristiques particulières: dans le premier cas, il s'agit du besoin de se cramponner à un passé heureux, c'est-à-dire la période passée dans le ventre de la mère; dans le second, il s'agit de la volonté de grandir, d'aller vers les autres et de faire l'expérience de l'amitié.

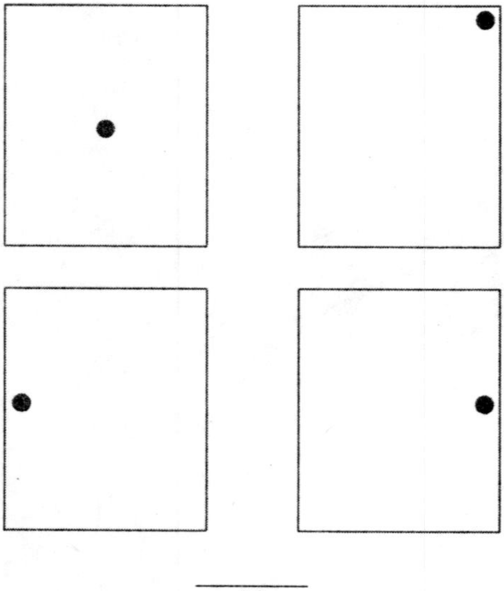

Le trait

Le trait peut prendre un aspect *régulier* (sûr et fluide), ou irrégulier (hésitant et morcelé).

Le trait **régulier** représente l'image d'un enfant qui, sûr de l'affection qu'on lui porte, affronte avec enthousiasme la réalité. Il n'a aucune difficulté à s'intégrer dans un environnement différent du milieu familial, par exemple la crèche, et il entre en contact de manière spontanée et immédiate avec les autres enfants.

Le trait **irrégulier**, par contre, indique que l'enfant appréhende autant de se détacher de sa famille que de rencontrer l'autre. Il s'agit habituellement d'un timide qui a des difficultés à s'adapter à des situations nouvelles et à de nouveaux rapports sociaux. Il peut même considérer que si ses parents l'obligent à aller à l'école, c'est parce qu'ils désirent l'éloigner.

Les caractéristiques du trait graphique nous indiquent comment utiliser le message de l'enfant pour le rassurer grâce à la tendresse, à la proximité physique, et pour lui donner cette sensation de chaleur humaine qui peut lui permettre de surmonter l'anxiété. Le sentiment de sécurité que la mère et l'éducateur peuvent lui donner garantira cette stabilité affective indispensable à son développement harmonieux.

Un environnement anxiogène génère inconsciemment des peurs chez l'enfant; il absorbe l'anxiété et son sentiment de dépendance se renforce au point qu'il ne peut réussir à développer sa confiance dans la réalité extérieure. Le trait irrégulier, haché, signale justement ce danger, recèle un message de peur, un désir de rapprochement physique avec les parents (qui peut s'exprimer par le désir "d'entrer dans le lit" de papa et maman).

Le but est toujours de découvrir le plus tôt possible le message réel de l'enfant pour pouvoir apprendre, vite et bien, à parler sa langue.

La pression

Le **trait marqué** révèle l'énergie vitale de l'enfant, sa façon d'affronter la réalité, le sentiment de sécurité qu'une telle énergie peut lui donner, et signale une solide constitution et une capacité à maîtriser l'environnement.

Une forte énergie psychophysique permet d'être actif et dynamique: l'enfant est d'ordinaire continuellement en mouvement et trouve dans le jeu la "soupape de décharge" de sa vitalité excessive. Si on entravait ses mouvements, il pourrait devenir agressif et s'en prendre à tout ce qui l'entoure: objets, animaux, jouets ou autres enfants.

Le trait **léger** exprime un sujet avec une sensibilité particulière, à travers laquelle l'enfant peut déjà manifester dans son comportement une tendance à la timidité et à l'inhibition. Se fatiguant facilement, cet enfant a besoin de repos et de peu de sollicitations. Ce geste signale donc une difficulté à entrer en contact immédiat avec l'environnement. L'adulte doit limiter ses activités, en évitant de l'orienter, parfois de force, vers des activités sportives ou autres qui seraient trop lourdes pour lui. Par contre, on devrait valoriser son imagination, ainsi que la richesse de ses sentiments et son besoin d'affection. Il s'agit d'un enfant délicat – y compris au plan relationnel – qui supporte peu les déceptions provenant de l'environnement. C'est pour cela qu'il évite l'affrontement et que, face à l'agressivité de ses copains, il se replie facilement sur lui-même par timidité.

La forme

Dans le **cercle**, l'enfant projette la première image connue : le visage humain. Plus tard, il rajoutera les yeux, le nez, etc. Le cercle prendra alors un aspect visuel et une signification symbolique. Une forme géométrique aussi simple est l'expression d'une adaptation; c'est pourquoi l'éducateur, qu'il soit l'un des parents ou un enseignant, voit dans ce trait graphique la capacité de se sentir bien avec les autres.

L'enfant qui gribouille avec un geste courbe manifeste une nature ouverte, enthousiaste, et pas seulement un désir de communiquer. Le mouvement circulaire du trait est harmonique, extensible, dépourvu de tensions et dû à une motricité aisée; il représente symboliquement la "ronde", un jeu qui, pour tous les enfants, constitue une étape fondamentale du développement.

Le gribouillage exprime la nécessité qu'éprouve chaque enfant de saisir, de salir, de se mouvoir dans un environnement familier. Il acquerra petit à petit cette aisance sur la feuille ellemême, un espace symbolique dans lequel l'enfant se déplace. Voilà pourquoi l'enfant qui gribouille avec facilité a un caractère sociable, adaptable, joyeux, disponible, et pourquoi il se sent en sécurité.

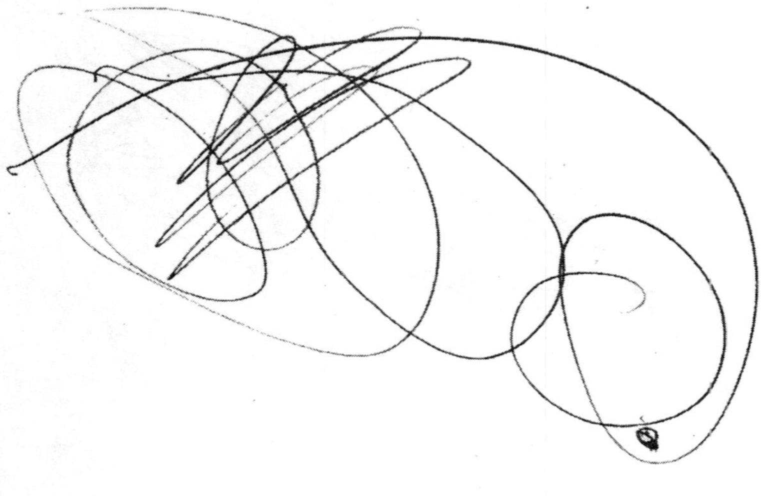

L'**angle** exprime la tension, la résistance et le besoin d'être assisté sans contraintes; il indique que quelque chose a blessé l'enfant. Mais il signale également une tension due à de nombreux facteurs: un enfant particulièrement sensible ou timide qui a constamment besoin d'un soutien, par exemple dans le cas d'une adaptation difficile à des situations nouvelles (la naissance d'un petit frère ou le début de l'école maternelle). Il s'agit de difficultés qui se manifestent surtout chez l'enfant introverti et elles sont absolument normales. L'important est de savoir qu'à travers ce gribouillage, l'enfant veut exprimer un ennui, une peur, une impression... qu'il a du mal à manifester d'une autre manière.

Parfois, il suffit qu'on lui demande d'accomplir une tâche, un effort, alors qu'il est fatigué, pour que l'enfant, incapable d'y parvenir et craignant d'être rejeté, soit plongé dans le désarroi. C'est une réaction normale, dans la mesure où elle ne se transforme pas en angoisse.

La nécessité de faire des expériences nouvelles, comme la séparation momentanée d'avec la mère, peut être interprété par l'enfant comme un rejet ou une moindre affection, surtout si elle est associée à la naissance d'un petit frère. Dans ce cas, l'enfant délivre son message avec un geste qui peut paraître furieux et rageur.

Le gribouillage composé de **traits ponctuels** éparpillés ça et là indique une vie émotionnelle particulièrement sollicitée, des coups frappés à la "porte de la communication" en raison d'une peur particulière. Ce type de traits suggère la peur de l'abandon. L'enfant a peur que l'objet gratifiant, surtout la mère, disparaisse et ne puisse plus le protéger.

Si la mère, ou son substitut, le rassure, cette peur disparaîtra; dans le cas contraire, la peur prend de l'ampleur et l'enfant peut sombrer dans l'angoisse. Une sensation qui peut également surgir en lui lorsqu'il est contraint, pour des raisons de santé, de jeûner ou de passer sa convalescence à l'hôpital. En fait, il n'a pas encore la capacité de discerner ce qui lui fait du bien de ce qui lui fait du mal.

L'enfant émotif manque de confiance en ses propres ressources et, pour cette raison, il est souvent frustré. Le fait de l'aider à gérer ses émotions, par le biais de confirmations positives, permettra de renforcer l'estime qu'il se porte et d'ancrer en lui un sentiment de sécurité.

Un gribouillage formé de **lignes brisées** évoque la peur du détachement des objets d'amour – la mère, le père, la maison, les jouets, les frères, etc. Parfois, il suffit d'un rien pour que l'enfant sombre dans l'agitation. Si la figure rassurante s'éloigne, l'enfant se met à pleurer et réclame sa présence; l'agitation s'empare de lui, tout comme la peur de l'abandon.

Une situation qui se manifeste par un trait anguleux, renforcé de lignes brisées, signale un enfant en colère parce qu'il n'obtient pas ce qu'il désire, ou parce qu'il craint de le perdre.

Un gribouillage en **forme de pelote** indique un traumatisme, une peur de "sortir": l'enfant s'est enveloppé comme dans l'utérus pour se protéger de coups maladroits et d'interventions

inappropriées. Le travail de l'accouchement n'est pas la seule expérience traumatisante du nouveau-né. Après l'accouchement, celui-ci subit une énorme transformation et est submergé par une marée de stimuli externes; si ce phénomène n'est pas contrebalancé par une sensation de bien-être, le traumatisme initial peut perdurer et le marquer profondément.

C'est le cas du gribouillage illustrant la page précédente, qui révèle un recroquevillement, un repli de l'enfant sur lui-même (dû à la souffrance) et un appel à l'aide pour démêler l'écheveau de son vécu.

Connaître le problème de l'enfant à travers les gribouillages représente le premier pas pour éviter que ne s'instaurent des défenses inadéquates.

Du gribouillage au dessin (de 3 à 4 ans)

Une nouvelle étape

Après la phase du gribouillage, qui occupe la première période des expériences graphiques, l'enfant, parallèlement à la maturation globale de la structure psychomotrice, élabore spontanément au moins deux types d'expressions, les **formes** et les **figures** (que nous évoquerons plus loin), auxquelles il associe des verbalisations et des commentaires qui stupéfient souvent les adultes, beaucoup moins les enfants. C'est une sorte de communication complexe et structurée qui implique d'une façon active l'enfant, pour lequel le monde est symboliquement maîtrisable, puisqu'il peut le circonscrire aux limites de sa feuille. Ainsi, il peut exprimer ses émotions – colère, jalousie, amours, passions et désirs; ainsi, il peut déplacer les personnages à son gré, les exclure, les agrandir, les effacer ...

Son omnipotence naturelle est récompensée. Si ensuite sa mère, son père ou la maîtresse expriment leur appréciation pour ce qu'il fait, naîtra ou se renforcera en lui un sentiment de sécurité et d'autonomie.

La verbalisation du gribouillage, parallèlement à l'intention représentative et au perfectionnement des formes, est le véritable cheminement vers un graphisme mature.

Evolution des formes et des figures

Dans les dessins des enfants de 3 à 4 ans, on observe d'ordinaire deux types de représentations: **les formes et les figures**.

LES FORMES

Elles constituent une conséquence directe du gribouillage libre et permettent à l'enfant d'explorer l'espace-environnement d'une façon plus consciente et plus sûre.

A ce stade, à partir des formes simples, apparaissent des formes nouvelles et complexes. Des croisements répétés et originaux voient le jour, tandis que des structures toujours plus recherchées et personnalisées s'élaborent. Tout cela comporte une certaine habileté manuelle due soit à la pratique du dessin, soit à des dons véritables. Voilà pourquoi l'entrée à l'école maternelle est la période où se met en place cette transformation du graphisme.

Dessin libre

C'est le stade de la géométrisation, de la tendance à la répétition de formes simples, de constructions d'arabesques et de scènes dans lesquelles évoluent des personnages réels ou imaginaires, où tout peut survenir, à condition que tout cela soit profondément lié à la vie et aux expériences que l'enfant vit au plan émotionnel.

En évoluant avec liberté et maîtrise sur la feuille, l'enfant fait l'expérience de la vie : il apprend à connaître les directions, le haut et le bas, la droite et la gauche, l'avant et l'arrière, le passé et le futur. En réalisant des formes toujours plus personnelles et complexes, des aptitudes spécifiques et orientées vers un but précis se structurent, des aptitudes qui concourent à sa maturation globale.

LES FIGURES

Elles naissent d'un perfectionnement des formes et d'un meilleur sens esthétique. Bien que l'autocritique ne constitue pas encore un frein à la spontanéité graphique, l'enfant comprend que plus son dessin ressemble à la réalité qu'il veut représenter et plus celui-ci sera interprété et apprécié à sa juste valeur.

Une glace

Ainsi, le personnage, comme nous le verrons plus loin, se remplira de détails qui expriment le schéma corporel élaboré par l'enfant et transféré sur la feuille.

La maison révèlera des signes de vie avec une abondance de détails, ou une impression d'abandon quand son aspect est extrêmement dépouillé. L'arbre prendra des formes et des dimensions très diverses et, à côté de lui, pourront apparaître des éléments nouveaux comme le soleil, des oiseaux, des petits nuages, des fleurs et de l'herbe.

Nous trouverons aussi des dessins différents des dessins habituels, comme des automobiles, des avions, des chars d'assaut, etc., qui formeront des scènes complexes de la vie quotidienne, des scènes de chasse ou de guerre.

Compositions et scènes complexes

La feuille est ici utilisée comme un scénario dans lequel évolue le crayon, qui va représenter, en séquences quasi cinématographiques, des saynètes de la vie quotidienne ou des scènes totalement imaginaires.

Le garçon a plus facilement tendance à représenter des scènes de chasse ou de guerre, tandis que la petite fille reste attachée à la famille et à l'univers de la campagne. Ces subdivisions par sexe semblent donc perdurer et survivre malgré l'évolution des mœurs et une apparente superposition des rôles masculins et féminins.

Les représentations d'objets mécaniques

L'apparition de personnages et de dessins inconnus il y a quelques décennies nous impose d'ouvrir un chapitre spécifique sur cette question, qui concerne les enfants de 3-4 ans, mais aussi des enfants plus âgés.

L'automobile, dans notre société, est symbole de vitesse et de puissance. Ce sont les garçons qui la dessinent le plus fréquemment, avec eux-mêmes ou leur père au volant.

Si un enfant représente de manière répétée des automobiles, cela signifie qu'il essaie de mesurer ses propres forces et son indépendance par rapport à la réalité extérieure : c'est un signe de sa volonté d'autonomie. Il ressent la nécessité de se détacher de modèles trop oppressifs ou d'enfants de son âge à l'esprit trop infantile pour grandir plus vite.

Le **bateau**, la **barque** ou le **navire** dénotent d'un côté le besoin d'évasion, et de l'autre la nécessité d'une protection.

Le navire glisse sur l'eau et le message qu'il délivre est celui d'un enfant qui veut être bercé par les "vagues maternelles". On aura alors affaire à un enfant sensible et qui a besoin d'être rassuré. Cependant, il ne supportera aucune restriction ou contrainte qui l'empêcherait de laisser libre cours à son imagination.

Le **char d'assaut** est choisi comme une expression de la force, pour pallier à une fragilité intérieure.

Le char d'assaut exprime l'agressivité: l'enfant est prêt à pointer son propre "canon" sur celui qui, de façon réelle ou imaginaire, blesserait sa susceptibilité.

Ce genre de dessins peut également signaler une angoisse, une peur de la figure de l'adulte. Le caractère de l'enfant se renforcera si on l'amène progressivement vers l'autonomie, mais sans réprimer les "décharges" qui sont parfois le propre de l'état infantile. N'oublions pas que le char d'assaut, s'il est une arme offensive, est également une formidable arme défensive.

L'**avion** et le **missile** ont des caractéristiques similaires à celles de l'automobile et du navire: ils indiquent le besoin de se mouvoir, d'explorer, de rêver à des cieux et à des réalités fantastiques.

Comme l'automobile, l'avion est un moyen de transport qui permet de "s'échapper", et les enfants qui le dessinent sont ceux qui parlent volontiers d'eux-mêmes, qui exagèrent la réalité, qui inventent des histoires pour méduser les autres, des histoires qui, malheureusement, sont souvent considérées par les adultes comme des mensonges, alors qu'en réalité elles ne sont que le fruit, en tout cas jusqu'à un certain âge, d'un exhibitionnisme égocentrique naturel. Le caractère de celui qui dessine constamment des avions est celui du rêveur, passionné d'amitié, des choses spirituelles, ayant peu d'esprit pratique, et qu'il faut donc de temps à autre ramener sur terre.

Aujourd'hui, les **robots** et les **personnages de l'espace** qui symbolisent la solidité, l'esprit pratique et l'action sont très présents dans les dessins d'enfants.

L'enfant qui dessine ces "personnages métalliques" est concret, réaliste, solide, y compris au plan émotionnel. Mais, comme pour tous les symboles, il y a aussi le revers de la médaille: ces dessins, en réalité, expriment également des attitudes réactionnelles, un détachement du monde des adultes et une coupure de la communication qui finira par fonctionner "par à-coups". L'enfant aura donc besoin d'être soutenu au plan affectif pour trouver le juste équilibre.

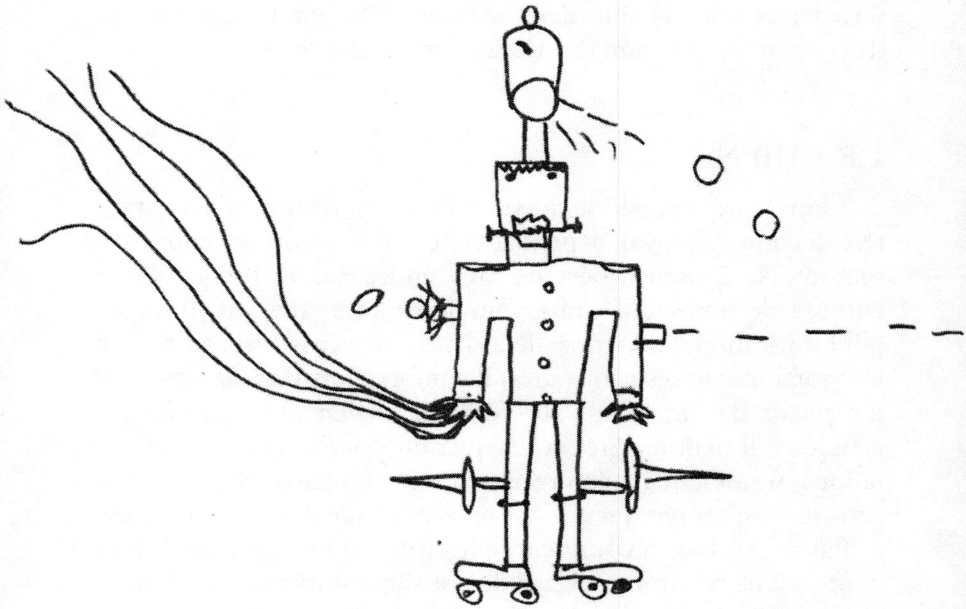

Les dessins d'animaux

Essayez de demander à un enfant de dessiner un animal; son choix peut révéler certains aspects de son caractère ou bien certains désirs inconscients.

LE CHAT

L'enfant qui dessine un chat a comme caractéristiques fondamentales la gentillesse, mais aussi la ruse. A la fois charmant et sournois, il aime la vie tranquille; son agressivité a pris une expression feutrée. Mais attention à ne pas trop l'agacer, car il aura alors vite fait de sortir ses griffes. D'aimable compagnie, il est habituellement très aimé des enfants de son âge, parce qu'il inspire confiance. Il possède une curiosité intellectuelle, une vivacité et une rapidité dans ses réactions qui lui permettent d'occuper une position de "leader démocratique".

LE CHIEN

L'enfant qui choisit de dessiner un chien démontre un caractère débonnaire, loyal, dépendant affectivement de ceux qui l'entourent. Sa générosité est de fait fondée sur le besoin d'être entouré de nombreux amis pour jouer et se divertir. Il s'agit, pour ainsi dire, d'un jeune "fêtard". S'il ne réussit pas à susciter la sympathie de ses camarades, il sombre alors dans la tristesse, traversant des moments de véritable mélancolie. D'ordinaire généreux, il peut malgré tout arriver que face à certaines sollicitations, il se mette à maugréer, mais cela lui passe vite. Une des caractéristiques typiques de ces enfants réside dans leur aptitude à "flairer" et donc à comprendre les gens en un clin d'œil. Voilà pourquoi ils pourront devenir de bons investigateurs, diagnosticiens, policiers, psychologues ou chercheurs.

Le serpent

Le choix du serpent est plus rare, et les enfants le représentent rarement de manière spontanée dans leurs dessins. Le serpent est un symbole de la sexualité et est considéré comme un animal magique à cause de sa faculté à changer de peau et à renouveler ainsi son aspect. Il est facile de comprendre pourquoi un tel symbole fait son apparition à l'adolescence : l'enfant, en grandissant, change d'aspect et se transforme, extérieurement et intérieurement. L'enfant qui dessine des serpents se caractérise par un don pour le calcul et une certaine prudence. Il exprime difficilement ses sentiments, a une très bonne mémoire et parle peu parce que, avant de s'exprimer, il médite et jauge la personne qui lui fait face. Il est généralement doté du sens des responsabilités et d'une force de caractère qui lui permettent de bien surmonter les obstacles.

Les bêtes féroces

La caractéristique fondamentale de celui qui dessine des bêtes féroces est l'agressivité, qui lui sert surtout à vaincre les obstacles. Cet enfant adoptera facilement des attitudes fortes qui lui permettront de devenir un bon meneur. Impulsif, plein de vie et orgueilleux, il cherche continuellement l'autonomie; il accepte difficilement le rôle du simple soldat et peut également réagir fortement et prendre ses distances. Fondamentalement, il manifeste ainsi, dans sa vie, la présence d'une autorité crainte ou trop exigeante.

Les singes

La représentation de singes révèle une personnalité à l'intelligence à la fois ingénue et rusée. Adulte, cet enfant aura toujours quelque chose d'innocent et une habileté exceptionnelle. Il sera lui-même stupéfait de ses propres succès, mais ces derniers sont en fait dus à son caractère optimiste, à l'estime qu'il se porte et à son intuition. L'enfant qui dessine des petits singes a généralement beaucoup de centres d'intérêt. Sa versatilité, en réalité, peut lui permettre de s'engager dans des professions diverses, à condition qu'elles n'aient rien de statique ou de répétitif.

Le cheval

Le cheval est un symbole d'énergie puissante et de précocité, y compris sexuelle. L'enfant qui aime dessiner des chevaux est infatigable, il est doté d'une vitalité contagieuse, d'un esprit joyeux et insouciant. Il aime s'ébattre dans les grands espaces, et c'est pourquoi il préfère vivre au grand air. Avide de liberté, il ne tolère pas les "rênes" qui l'empêchent de galoper vers la liberté et la vie. Si on le contraint à vivre dans un environnement mentalement réducteur, il aura le sentiment d'être pieds et mains liés et son humeur deviendra exécrable. Bon orateur et sachant faire des choix opportuns, il peut facilement devenir un affairiste couronné de succès.

Le dragon

Le dragon est un symbole de puissance. L'enfant qui le dessine a donc un tempérament volontaire, il assume avec sérieux ses obligations et il cherche courageusement à résoudre les situations les plus complexes. D'une manière générale, il possède une grande vivacité intellectuelle et, de ce fait, une intuition remarquable. Ouvert, sociable et un peu vulgaire dans ses manifestations, il surmonte avec optimisme les difficultés qu'il rencontre. Il a toutefois besoin d'avoir de nombreux centres d'intérêt pour pouvoir développer sans cesse ses qualités intérieures. Les espaces confinés pourraient le rendre agressif et le pousser à "cracher du feu" sur ceux qui l'entourent.

Les poissons

Le poisson est un symbole phallique, mais il symbolise également la joie et l'allégresse. Les enfants qui représentent des poissons ont un caractère gai, serein et un peu fantaisiste. Il faut les aider à atteindre une meilleure maîtrise d'eux-mêmes pour éviter qu'ils ne soient la proie facile d'enfants plus rusés.

Les petits oiseaux

Les petits oiseaux évoquent le besoin naturel de l'enfant de se sentir câliné et assisté, mais aussi le besoin de chercher à l'extérieur de l'environnement familial l'espace qui lui permettra de bouger et de trouver dans l'amitié un contact empreint de tendresse.

Le dessin

Représentation graphique des sentiments

Le dessin, pour un enfant, est l'expression concrète de ses sentiments et de ses émotions. Un petit trait, une tache, une fleur sans feuilles, un rien en somme, peut suffire à l'enfant pour bien décrire son monde.

Grâce à l'analyse des dessins, nous sommes en mesure de comprendre ce que les enfants veulent dire sur leurs parents, sur leur famille, sur leur croissance, et surtout sur leur façon d'entrer en relation avec le monde – comment ils le perçoivent et comment ils voudraient qu'il soit.

Les enfants font surtout entendre leur voix en dessinant: le soleil représente papa, la maison, maman, l'arbre, c'est le Moi, les personnes représentent la famille ...

L'utilisation des couleurs est elle aussi très significative, car on l'interprète généralement comme un symbole de l'énergie vitale et de l'affectivité.

D'une manière générale, on peut dire que l'enfant, même lorsqu'on le laisse libre de dessiner comme il l'entend, a tendance à exclure les sujets "télévisuels" (robot, monstres, etc.) en faveur de l'arbre, de la maison, du soleil, des fleurs et des animaux. Ce faisant, l'enfant force l'attention de l'adulte sur son besoin de vivre dans une intimité plus grande ses années de croissance. L'enfant semble exiger la présence des parents; il veut aussi que les moments qu'il partage avec eux soient moins brefs. Il dit clairement que sa mère et son père peuvent aller travailler à l'extérieur mais que, une fois rentrés à la maison, ils doivent s'occuper de lui, sans téléphoner ni regarder la télévision, et surtout en lui accordant toute leur attention. Est-il possible qu'un dessin puisse exprimer tout cela? Eh bien, oui. Avec un soleil sans rayons, avec une maison sans fenêtres ou une cheminée sans fumée, avec des nuages noirs qui font tomber des gouttes d'eau sombres, avec leurs propres visages de couleur rouge feu, les enfants peuvent ainsi nous faire part de leur mélancolie. L'interprétation du dessin, même si on retrouve quelques règles générales et fondamentales liées au symbolisme universel, recèle cependant des différences selon l'âge. L'absence du cou, par exemple, est naturelle à cinq ans, mais elle ne l'est plus pour une fillette de onze ou douze ans.

Le test du personnage

En dessinant une silhouette humaine, l'enfant se représente inconsciemment lui-même et exprime donc la perception qu'il a de son schéma corporel et des désirs qui l'accompagnent. On peut relever d'habitude des ressemblances entre le bonhomme représenté et les caractéristiques de celui qui l'a dessiné.

Si le personnage est exécuté avec une bonne position dans l'espace, si ses formes sont bien proportionnées, c'est-à-dire si l'ensemble est défini de manière structurée, cela signifie que l'enfant poursuit une croissance harmonieuse, qu'il est bien adapté à la réalité environnante. Par contre, si l'enfant dessine un petit bonhomme, au fond de la feuille, avec un tracé faible ou tremblotant, cela peut signifier qu'il se sous-évalue, qu'il se sent peu de chose, assurément inférieur aux autres enfants. L'absence de certains organes du corps humain, les ratures constantes, les interruptions du trait et un positionnement incorrect des membres, sont des signes d'insécurité qui, si on les perçoit à temps, permettent à l'adulte non pas tant de faire des diagnostics catastrophiques mais plutôt de renforcer chez l'enfant l'estime de soi et la confiance en soi. Il évitera ainsi que l'enfant, ayant le sentiment d'être peu doué, ne rogne les ailes de son potentiel en expansion.

PROCÉDURE DU TEST

Voici ce qu'il faut mettre à la disposition de l'enfant :

- *un crayon*
- *une gomme*
- *un taille-crayon*
- *sept couleurs (bleu, vert, rouge, jaune, violet, marron et noir)*
- *quelques feuilles de papier sans quadrillage*

Les instruments comme l'équerre, la règle, le compas, etc., ne sont pas admis.

Maintenant, on s'adresse à l'enfant : "*Dessine un personnage, le plus beau possible. Si tu veux, tu peux aussi utiliser les couleurs que j'ai mises à ta disposition*".

Comme pour tous les tests, il faut **éviter toute intervention** qui pourrait orienter les choix de l'enfant. Par contre, on peut l'encourager : "*Allez! C'est bien comme ça, continue tranquillement.*"

A d'éventuelles **questions sur la manière de réaliser le dessin**, on peut répondre ainsi : "*Fais comme tu veux, ça sera bien de toute façon!*" A la fin, on invite l'enfant à inscrire son nom, sa date de naissance et celle du jour de l'exécution du dessin; s'il n'en est pas capable, nous le ferons à sa place.

Pour les plus petits, qui pourraient éprouver des **difficultés à comprendre le terme "personnage"**, on peut dire ceci : "*Dessine un papa, une maman, un petit garçon ou une petite fille; tu peux dessiner qui tu veux.*"

Il est fréquent que les plus grands et les plus doués dessinent des **personnages stylisés ou de bande dessinée**, pour éviter de s'impliquer eux-mêmes. Ces dessins ne peuvent servir de test projectif, même s'ils ont une signification précise : le refus de celui qui les a exécutés de se dévoiler aux yeux des autres.

Il n'y a pas de limite de temps pour l'exécution du dessin.

L'enfant est libre de **raturer** ou de **modifier** le dessin. Il est conseillé d'observer attentivement et de noter quelques détails: **la séquence d'exécution du personnage**, **l'attitude** et les **comportements spontanés** de l'enfant, **le temps consacré** au dessin et la **quantité de feuilles** utilisées.

Les enfants qui manquent d'assurance chercheront des **modèles à copier** au lieu de réaliser des personnages issus de leur propre imagination. A ce propos, il est nécessaire, pour le test accompli en groupe, de faire asseoir les enfants le plus loin possible les uns des autres, afin de réduire au maximum le risque d'influence ou de copiage. Dans le test individuel, il faut vérifier que l'enfant n'a pas **sous ses yeux des tableaux** ou **des représentations humaines qu'il voudrait utiliser comme modèle**. Au cas où l'enfant déciderait de faire le portrait de l'examinateur, il est bon de l'en empêcher, évidemment en tenant compte de sa sensibilité; si cela ne semble pas possible, on peut lui dire, une fois le premier dessin achevé: "*Maintenant, dessine un personnage entièrement de ton invention.*"

EVOLUTION DU DESSIN

Le test du personnage permet de se faire une idée approximative, mais assez juste, de la croissance psychophysique et du niveau d'évolution graphique atteint par l'enfant. Dans le tableau suivant, nous indiquons les étapes de cette évolution: comme on peut le voir, il y a une nette différence entre les garçons et les filles dans certaines variantes de la représentation humaine. **Attention:** les données recueillies dans le tableau sont approximatives. Il est possible, donc, que l'enfant ne se conforme pas exactement, dans toutes ses phases, à ce modèle de développement.

Fille	Garçon
3 ans	
• homme-têtard	• homme-têtard
4 ans	
• tête	• tête
• yeux	• yeux
• tronc	• dessin orienté
• bras	
• jambes	
5 ans *(comme ci-dessus, plus)*	
• bouche	• nez
• nez	• tronc long
• bras attachés au corps	• bras
• pieds	• bras attachés au corps
• vêtement de couleur	• pieds
	• vêtement de couleur
6 ans *(comme ci-dessus, plus)*	
• cheveux	• couleurs réalistes du visage
• tronc long	• bouche
• bras constitués de deux traits	• contours au crayon
• jambes constituées de deux traits	• bras constitués de deux traits
• pantalon ou jupe	• jambes constituées de deux traits
• chaussures	• pantalon
7 ans *(comme ci-dessus, plus)*	
• couleurs réalistes du visage	• doigts
• contours au crayon	• chaussures
• doigts	
8 ans *(comme ci-dessus, plus)*	
• yeux évolués	• bras proportionnés
• tronc bien délinéé	• jambes proportionnées
• cou	
• bras proportionnés	
• jambes proportionnées	

- position correcte des bras
- jambes souples
- manches et maillot de la même couleur

9 ans *(comme ci-dessus, plus)*

- bouche évoluée
- cou bien délinéé
- sexe reconnaissable
- ceinture

- bouche évoluée
- nez évolué
- tronc bien délinéé
- sexe reconnaissable
- position correcte des bras

10 ans *(comme ci-dessus, plus)*

- yeux de largeur égale
- épaules
- tête bien proportionnée
- paume de la main
- cinq doigts
- âge reconnaissable

- yeux évolués
- paume de la main
- jambes aux formes plus anatomiques
- position naturelle des pieds
- jambes et maillot de la même couleur
- âge reconnaissable

11 ans *(comme ci-dessus, plus)*

- yeux à la même hauteur
- coiffure
- position naturelle des pieds

- yeux de largeur égale
- cou
- épaules
- taille

12 ans *(comme ci-dessus, plus)*

- yeux à la même hauteur
- trois détails des yeux
- pupilles
- bouche rouge

- yeux de même largeur
- pupilles
- coiffure
- figure personnalisée

ANALYSE DU DESSIN

Le dessin d'un personnage devrait être analysé en suivant un tracé qui permette de comprendre soit les aspects généraux de la personnalité de l'enfant, soit quelques particularités qui peuvent nous aider à comprendre les raisons de son comportement.

Disposition sur la feuille

La disposition du dessin se conforme à une loi interprétative, que l'on définit comme "symbolisme spatial", lequel assigne à chaque zone de la feuille considérée comme un espace-environnement une signification spécifique et précise.

	zone gauche passé	zone centrale présent	zone droite futur
zone supérieure **pensée**	*souvenir*	*imagination*	*rêve*
zone médiane **réalité/actualité**	*liens avec les origines*	*égocentrisme*	*Moi projeté dans le futur*
zone inférieure **matérialité**	*peur*	*insécurité*	*désir*

Pour tirer des conclusions valables de la position du personnage sur la feuille, il faut que le choix opéré soit habituel chez l'enfant et non dû à quelque événement ou interférence extérieure.

On peut, si l'on veut, subdiviser la feuille en neuf parties: à chacune d'elles, si elle est habituellement occupée, correspond une réalité qui caractérise la façon d'être normale de l'enfant, ses tendances, son attitude fondamentale face à la vie et à son environnement extérieur.

La décision de situer le dessin dans les diverses zones de la feuille dépend également, en dehors des caractéristiques psychologiques de l'enfant, de son âge et de son état émotionnel et affectif du moment. Ainsi, un dessin situé en haut à gauche, outre qu'il signale la tendance de l'enfant à s'attacher aux souvenirs, indique également une timidité, ou bien une inhibition liée à des expériences négatives: une convalescence passée à l'hôpital, une maladie, un abandon ou, plus simplement, les exigences excessives des parents ou des éducateurs. L'enfant exprime de cette manière le désir d'échapper aux responsabilités du présent en se tournant vers le passé.

En ce qui concerne la subdivision verticale, les enfants plus petits ont tendance à utiliser surtout la zone inférieure, où ils se sentent comme protégés, en tout cas jusqu'à trois ans, pour passer ensuite à la zone centrale qu'ils occupent presque tous vers l'âge de sept ans.

Dimensions du dessin

La dimension globale du personnage, dessiné sur une feuille de format régulier (21 x 27 cm), est directement liée à la perception qu'a l'enfant de lui-même, de son corps, de son image dans l'environnement. Il faut mesurer cette dimension en partant du sommet de la tête, cheveux ou chapeaux compris, jusqu'aux pieds.

Petite dimension. Indique une perception négative de soi. L'enfant se considère comme peu de chose, a tendance à se dévaloriser, à ne pas croire en ses propres forces. Il craint la confrontation avec les autres et, en général, avec l'environnement. C'est donc un signe de timidité.

Grande dimension. Il s'agit d'un personnage qui occupe plus de la moitié d'une feuille normale. Elle indique un sentiment de sécurité et de confiance en soi, un caractère extraverti et exubérant qui peut devenir, dans les cas extrêmes, envahissant.

Dimension juste. C'est celle qui, grosso modo, est comprise entre 8 et 18 centimètres. A cet égard, il faut pourtant préciser qu'il existe des différences significatives en fonction de l'âge et du sexe.

Dans les premières années (3-4 ans), les garçonnets ont tendance à dessiner des personnages plutôt grands – l'expression du besoin de démontrer précocement, même si c'est inconscient, leur supériorité, notamment physique. Chez les fillettes, par contre, la dimension des dessins augmente régulièrement avec l'âge, ce qui fait qu'à l'âge de la puberté, elles dessinent des personnages plus grands, par rapport aux garçons, quand le besoin inconscient de plaire se fait plus fort.

La croissance des dimensions du personnage chez la fille est constante, tandis que, chez le garçon, elle traverse deux moments critiques: vers 5-6 ans, et à la puberté. L'explication de ce phénomène singulier est liée sans le moindre doute aux deux moments clés de l'évolution de la sphère émotionnelle et sexuelle qui implique le processus d'identité. Le premier accompagne l'évolution de la maîtrise de soi pour se conformer aux règles imposées par les parents: il s'ensuit une plus grande conscience de soi. Le deuxième moment critique pour le garçon survient à l'âge de la puberté et est dû à la peur de grandir, à la crainte de devoir se détacher de la mère et de devoir renoncer aux privilèges de l'enfance. Se manifeste alors une sorte de régression qui se traduit par la diminution des dimensions de la figure humaine. A cela s'ajoute le fait, typiquement culturel, que les fillettes sont, encore aujourd'hui, plus autonomes que les garçons.

Les proportions

Les proportions concernent le rapport entre la tête, le tronc et les membres, et entre divers détails de ces élément : par exemple, entre la dimension des yeux et celle du visage, ou bien entre la dimension des mains et celle des bras.

Il n'existe pas de règles précises pour établir une juste proportion, que d'ailleurs l'enfant acquerra avec la maturation graphique au fur et à mesure de son développement général. Les "disproportions" suivantes ont une signification particulière :

Une grande tête. Indique un grand besoin de changement, soit au niveau nutritif (grand visage = grande bouche), soit au niveau de communication. Souvent, les enfants qui dessinent des personnages avec une très grande tête aiment se mettre en avant avec des attitudes parfois un peu exhibitionnistes.

Une petite tête. Ce peut être le signe d'expériences difficiles vécues à l'époque de la première tétée et du sevrage: convalescence à l'hôpital, intolérance alimentaire, régimes imposés de forces à cause de troubles gastro-intestinaux, mais également un manque d'appétit.

Un long cou. Un long cou indique le besoin d'explorer, de se rendre compte de ce qui se passe autour de soi pour, ensuite, pouvoir se créer avec sa propre imagination un monde de rêves et de gratifications. L'enfant a facilement tendance à se détacher de la réalité.

Les bras longs. Ils mettent en évidence la nécessité de communiquer, de rencontrer, de prendre dans ses bras toutes les personnes et tous les objets. Ils indiquent également une affectivité exubérante et un caractère conciliant, à moins qu'il n'y ait d'autres indices qui pourraient à l'inverse évoquer l'agressivité, comme des griffes à la place des mains ou des poings serrés, des dents proéminentes, une bouche rouge et aux contours soulignés ...

Des bras courts. L'enfant exprime de cette manière la peur de rencontrer l'autre, une insécurité ou une timidité naturelle – des caractéristiques qui peuvent freiner l'élan vers le monde. Il est nécessaire de le rassurer et de favoriser une vie relationnelle sereine et tranquille.

De grandes mains. Les mains servent à caresser, à toucher, à manier, mais aussi à taper; c'est pourquoi leur signification peut être ambivalente, bien que dans tout les cas elles signalent le besoin d'échanges intenses et fréquents.

Des jambes longues. La fonction des jambes est celle de la stabilité et du mouvement. Longues, les jambes représentent un besoin de fermeté et de sécurité. Si elles sont trop longues, elles peuvent exprimer le désir de l'enfant de grandir rapidement, pour "rattraper" une figure adulte qui représente pour lui un modèle.

Des jambes courtes. Elles indiquent la robustesse, la sécurité, la résistance physique. Dans ce cas, l'enfant fait partie de ceux dont on dit qu'ils ont "les pieds sur terre".

De grands yeux. Les yeux sont symboliquement les "fenêtres de l'âme" et, lorsqu'ils sont grands, ils mettent en évidence la volonté de l'enfant de dominer le monde environnant, sa curiosité, y compris en ce qui concerne les sentiments de ceux qui l'entourent. C'est donc un signe important pour déceler les messages éventuels de rejet que l'enfant perçoit chez des adultes.

Le trait graphique

Le terme "trait graphique" doit s'entendre soit comme le geste, qui peut être courbe ou anguleux, soit comme la pression avec laquelle l'enfant appuie sur la feuille et qui détermine la quantité d'énergie psychophysique utilisée, soit la gestion de cette pression, qui peut s'exprimer par une ligne continue et fluide, scandée par des clairs-obscurs ou fragmentée ... Le trait graphique est un indice typiquement technique, qui permet au graphologue, d'une part, de rassembler quelques éléments propres au dessinateur et, de l'autre, de déceler la présence d'interférences, surtout émotionnelles, qu'elles proviennent de l'enfant ou qu'elles lui soient extérieures.

Le geste

Le geste courbe. Il est le propre d'un enfant doté d'une remarquable capacité d'adaptation, d'un enfant extraverti et dépendant du consentement et de l'approbation des autres.

Son caractère ouvert favorise la socialisation avec les enfants de son âge et l'adaptation à des situations nouvelles. C'est pourquoi il ne devrait pas lui être difficile de fréquenter l'école maternelle comme plus tard l'école primaire. Il est naturellement nécessaire que l'adulte tienne compte de cette prédisposition et évite de limiter de manière excessive ou inutile l'extraversion naturelle de l'enfant.

Le geste anguleux. Ce geste, dans le dessin de la figure humaine, se traduit par la formation de figures géométriques et anguleuses, semblables à des robots. L'enfant a tendance à souligner les contours, en modifiant subitement l'orientation des lignes, ce qui donne des traits anguleux un peu partout. Cette façon de dessiner est typique de celui qui tend à faire prévaloir la volonté et la ténacité sur l'improvisation et l'immédiateté, et elle est due à une éducation fondée sur l'ordre et la maîtrise de soi, ou simplement à un tempérament agressif qui s'oppose aux exigences et aux obligations imposées par l'environnement. En outre, des événements qui portent atteinte à la sérénité de l'enfant, comme la naissance d'un petit frère, peuvent faire surgir ou renforcer cette tendance.

La pression

La pression légère. Elle est le propre des enfants très sensibles chez lesquels n'importe quel petit stimulus favorise la croissance, mais est aussi une sollicitation, qui risque cependant d'abaisser la capacité de l'enfant à supporter trop longtemps les frustrations.

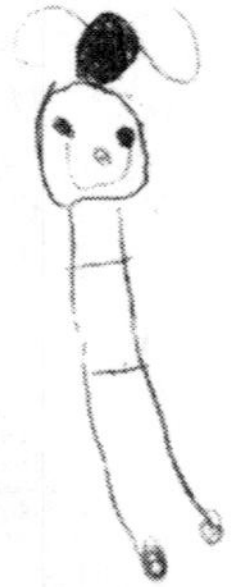

La pression lourde. Elle est typique de l'enfant qui affronte la vie et les expériences avec du culot, de l'enthousiasme et de la détermination : il ne craint pas l'environnement, il est sûr de lui et agit d'habitude de manière impulsive, sans réfléchir.

Une pression moyenne, c'est-à-dire ni excessive ni insuffisante, indique un équilibre des énergies consacrées à la réalisation de ses objectifs.

Gestion de la pression

Gestion continue et fluide. Ce type de gestion signale un enfant disponible, ayant confiance en ceux qu'il aime, un enfant qui vit les rapports sociaux avec une capacité d'adaptation qui les rend plus aisés. Le caractère est ouvert, sociable, affectueux et peu querelleur parce qu'il s'agit d'un enfant serein. La fluidité de la pression augmente avec l'âge de l'enfant.

Gestion scandée par des clairs-obscurs ou fragmentée. C'est une pression inconstante, qui dénote chez l'enfant une incapacité à maintenir longtemps un effort, une tendance à la fatigue et à la distraction. Il s'agit d'un enfant qui a besoin d'être rassuré, mais qu'il ne faut pas astreindre à des occupations trop intenses et trop continues.

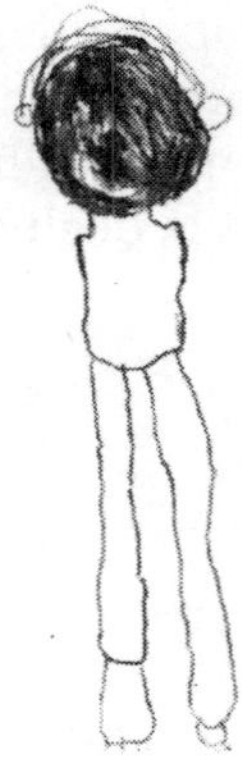

Les couleurs

La couleur du personnage constitue un indice de maturité et permet d'interpréter d'une façon encore plus précise le dessin, surtout en ce qui concerne la sphère émotionnelle et affective de l'enfant. C'est pour cela que lorsque l'enfant n'utilise pas les couleurs qu'il a à sa disposition, il faut toujours se demander s'il vit sereinement sa croissance.

L'utilisation de couleurs pour entourer la figure est normale jusqu'à 5-6 ans : ensuite, cela devient en revanche inhabituel si bien que, si une telle habitude se perpétue, il faut se demander si la croissance intellectuelle et affective de l'enfant est normale.

Avant d'analyser la signification des couleurs (sept couleurs sont proposées aux enfants), il est nécessaire d'évaluer le mode d'utilisation et l'intensité des hachures. Les **couleurs pastel** posées de manière légère et uniforme indiquent une affectivité riche, une sensibilité, une douceur, voire même une timidité. Les **couleurs fortes et marquées** signifient plutôt des sentiments intenses, soit d'amour, soit d'agressivité ou de colère, mais aussi une volonté d'affronter la vie.

Un autre élément dont il est indispensable de tenir compte est le **réalisme des couleurs** dans le dessin. Colorier d'une manière insolite ou anormale une ou plusieurs parties du personnage n'indique rien d'autre qu'un message à interpréter. L'exemple d'un dessin où le cou du personnage est colorié d'un rouge intense est valable pour tous les dessins : cela peut indiquer un traumatisme subi par l'enfant dans une partie quelconque de son corps, une maladie ou bien une difficulté physique ou psychosomatique liée à la gorge, à la déglutition ou à la respiration.

Le bleu

Mots clés: calme, sérénité, absence de compétition, entente ...

Si le bleu est dominant, c'est qu'il y a un fort contrôle de soi, mais s'il est trop présent (pour figurer le fond, le terrain, le sol, ou un petit lac), c'est qu'il indique un risque d'énurésie.

Le vert

Mots clés: repos, satisfaction, équilibre, tranquillité, espérance ...

Si le vert est dominant, il y a un risque de paresse ou d'inhibition; parfois, paradoxalement, cela signale une tendance à la rébellion, surtout s'il y a d'autres indices d'agressivité (bouche, dents, mains ...)

Le rouge

Mots clés: activité, vivacité, énergie, ambition, vitalité, émotion, excitation, passion, courage ...

Un rouge dominant est un signe d'exubérance, d'hostilité, d'agressivité ou de violence, avec une nette tendance à l'excitabilité et de possibles mouvements de colère.

Le jaune

Mots clés: adaptation, énergie, dynamisme, volonté d'ouverture, intuition ...

Un jaune dominant peut indiquer un rapport difficile avec la figure paternelle ou d'autres motifs de tension à l'intérieur de la famille.

Le violet

Mots clés: tristesse, inquiétude, envie, maîtrise des passions, sens religieux, idéalisme, pudeur ...

Si le violet est dominant, il peut indiquer une pression trop forte des parents concernant la croissance ou la responsabilisation, ce qui provoque chez l'enfant la peur de ne pas réussir à satisfaire complètement les attentes de ses parents.

Le marron

Mots clés: sérieux, amertume, intolérance envers tout conflit et toute contrariété, prudence, "pieds sur terre" ...

Si le marron est dominant, l'enfant pourrait avoir été responsabilisé trop tôt; il est possible que des tendances à l'agressivité se transforment en comportements sadiques ou en un contrôle de soi excessif avec diminution de la spontanéité.

Le noir

Mots clés: vie intérieure riche, peurs, anxiété, réserve, pudeur, mélancolie, souffrance ...

Si le noir est dominant, il est nécessaire de contrôler l'émotivité de l'enfant, qui pourrait présenter des déséquilibres sans motifs apparents.

ANALYSE DES ÉLÉMENTS DU PERSONNAGE

La **tête** représente les sentiments que l'enfant a deviné sur le visage de sa mère, mais c'est également un symbole de la perception de soi. C'est à travers elle que l'enfant a ressenti pour la première fois le plaisir de la nutrition ou a souffert du fait de quelque problème lié à l'alimentation.

Une ***grosse*** tête signale une tendance à l'égocentrisme qui, s'il est normal à 6 ans, devient en revanche problématique plus tard. Cela reste malgré tout l'indice d'un caractère expansif.

Si la tête est ***petite***, c'est le signe d'un caractère fermé: l'enfant se replie sur lui-même, ce qui est donc le signe de difficultés relationnelles et d'une possible tendance à la timidité.

Les **détails du visage** concernent presque tous les organes de la communication et des échanges avec le monde extérieur. Un visage ***sans détails*** signifie que l'enfant a des difficultés à manifester ses sentiments et qu'il fait déjà appel à un mécanisme de négation d'une réalité qu'il considère comme insupportable.

Les **yeux** révèlent la force et la vitalité que l'enfant emploie dans ses rapports avec les autres, ainsi que sa curiosité intellectuelle. S'ils sont ***petits***, c'est l'indice d'une introversion, d'une crainte de la communication, d'une méfiance, surtout par rapport aux adultes. Des yeux ***fermés*** indiquent une tendance au narcissisme ou à la coquetterie. De ***grands*** yeux révèlent une agressivité dirigée vers l'extérieur. L'***absence*** d'yeux, au demeurant plutôt rare, signifie que l'enfant refuse de voir et d'affronter la réalité.

La **bouche** est la voie de la nutrition, réelle et affective. L'enfant reçoit la nourriture d'où il puise sa force physique. Mais les baisers de ses parents sont aussi une nourriture indispensable pour sa croissance. Si la bouche est ***omise***, c'est le signe que l'enfant souffre de carences affectives, qu'il désire s'alimenter en abondance, qu'il se sent faible ou incapable d'autonomie : l'enfant a éprouvé des désagréments liés à l'alimentation, ou bien il n'a pu établir une communication sereine avec les adultes. Une bouche d'un ***rouge intense*** indique une agressivité qui peut aussi constituer une stimulation positive au développement de l'enfant, particulièrement à l'âge de la puberté. ***Fermée ou à peine suggérée par une ligne fine,*** la bouche est signe, à partir de l'âge de 7 ans, de tensions et de désillusions – presque un désir d'exclure un environnement qui, d'une manière ou d'une autre, n'a pas satisfait les besoins essentiels de l'enfant. La présence de fossettes aux coins de la bouche révèle un caractère jovial, une imagination débordante et une bonhomie.

Les **dents** sont un symbole de colère, d'un besoin de ronger, de mordre quelque chose ou quelqu'un que l'enfant rend responsable du souci et de la gêne éprouvés.

Le **nez** est en revanche un symbole phallique : ce n'est pas un hasard si les garçons le représentent de manière plus évoluée. C'est le signe d'une entrée proche ou très proche dans l'âge de la puberté. ***Toute déformation ou accentuation*** est à mettre en relation à la peur et au désir de la sexualité. ***Omettre le nez*** est relativement courant à l'âge de la puberté pour exprimer sa peur des premières pulsions sexuelles.

Les **oreilles** peuvent signifier le besoin d'écouter pour apprendre ou être un signe de curiosité, ou encore signaler un trouble auditif. Elles indiquent en tout état de cause une attention particulière accordée par l'enfant à la réalité externe. Si les oreilles sont ***grandes ou en feuilles de chou***, c'est le signe d'une dévalorisation et d'une piètre estime de soi dues à des échecs scolaires. Ce n'est pas par hasard que le mot "âne" évoque l'image des oreilles.

La **barbe** et les **moustaches** sont un signe de force, d'exubérance, de créativité ou d'un fort besoin de fasciner; elles peuvent donc être un signe d'adulation.

Les **cheveux,** surtout s'ils sont longs, expriment la vitalité et la force, y compris sexuelles. Chez les fillettes, ils indiquent le désir précoce de plaire, de créer un groupe de petits copains, filles et garçons, ou de s'identifier à un personnage célèbre.

La présence d'un **chapeau** indique que l'enfant se sent en permanence sous le tir des observations ou des interdictions formulées par les adultes. Ce peut être également le signe, surtout à l'âge de la puberté, d'un déguisement destiné à masquer une sexualité réprimée.

Un **menton** accentué ou proéminent dénote chez l'enfant un tempérament de "petit chef" et donc un désir de s'affirmer par rapport aux autres enfants.

Le **cou** est la zone intermédiaire entre la tête (la raison) et le tronc (l'instinct). Si le cou est ***allongé***, ce peut être le signe d'une croissance physiologique, réelle ou désirée, ou bien du besoin de se mettre en avant d'une manière un peu vaniteuse. S'il est ***petit ou particulièrement étroit***, c'est un signe d'anxiété ou de quelque difficulté respiratoire. S'il est ***colorié en rouge***, il indique une timidité, une insécurité masquée par des réactions agressives, ou tout simplement une intervention médicale subie dans cette zone. Un cou ***bien représenté et souple*** indique que l'enfant veut manifester son autonomie et sa capacité à s'opposer à l'environnement. Un ***cou absent*** indique une émotivité dominante, normale jusqu'à l'âge de 10 ans; au-delà de cet âge, cela devient un signe d'instabilité affective qui peut se répercuter sur le comportement, donnant lieu à une vivacité excessive, à une excitabilité, à une impulsivité et à une intolérance (l'enfant s'épuisera, par exemple, en maintenant pendant longtemps une position figée).

Les **jambes** sont un symbole de sécurité et l'enfant, en les dessinant, met en évidence ses capacités de résistance, de dynamisme et de stabilité. Si les jambes sont ***longues***, parfois même exagérément longues, c'est peut-être le signe que l'enfant a besoin de se sentir grand, de grandir. Si elles sont ***courtes***, elles signalent la peur ou le refus de grandir, et la volonté de se sentir encore protégé par l'environnement familial. Si les jambes sont ***fortement asymétriques***, c'est peut-être le signe d'une imperfection physique réelle ou, plutôt, d'une difficulté motrice. ***Croisées***, les jambes indiquent une inhibition ou un conflit de nature sexuelle.

Les **pieds** mesurent la stabilité et la sécurité, mais ils sont aussi liés au symbolisme sexuel. S'ils sont grands et bien plantés au sol, c'est un signe de sécurité, de fermeté, de solidité, d'un caractère concret. En revanche, s'ils sont petits, en position anormale ou carrément absents, c'est le signe d'une crainte et d'une défense vis-à-vis de l'environnement.

Les **bras** et les **mains** sont les éléments principaux de la communication, parce qu'ils permettent le contact et le rapport direct avec le monde. Des ***mains en forme de griffes et coloriées en rouge*** dénotent une agressivité, un désir de griffer pour combattre une réalité hostile. ***Levées vers le ciel***, les mains indiquent un appel à l'aide, une demande de protection, un désir d'être soigné. L'***absence de bras***, qui n'est jamais due au seul oubli, peut en revanche être liée à un problème concernant la sexualité, ou alors au déguisement d'une hostilité refoulée envers un membre de la famille; elle est généralement accompagnée d'un sentiment de culpabilité qui peut déboucher sur des actes d'autodestruction. L'***absence des seules mains*** a une signification similaire, même si le trouble apparaît moins grave.

Le **tronc** représente l'instinct et la matérialité. S'il est ***mince***, cela signifie que l'enfant n'est pas satisfait de son corps ou que, d'une manière ou d'une autre, il ressent en lui une insuffisance. S'il est ***excessivement réduit***, cela signifie que l'enfant souffre d'un complexe d'infériorité. Quand ***une ligne ou une ceinture*** divise le tronc en deux, c'est le signe que l'affectivité et la sexualité ne réussissent pas à s'intégrer et à coexister harmonieusement; une ceinture minutieusement détaillée est en réalité un déguisement dû à un sentiment de culpabilité lié à sa croissance. Si l'enfant dessine sur le tronc ***deux seins***, c'est qu'il existe un fort lien avec la mère, dont l'enfant ne parvient pas à se détacher au plan émotionnel.

La présence de **boutons** signale un fort lien avec le milieu familial, en général avec la mère. C'est comme si l'enfant voulait se représenter ainsi une sorte de nombril – la cicatrice d'une séparation mal tolérée.

Les **organes sexuels** sont rarement dessinés de façon évidente et spécifique; quand ils le sont, c'est le signe d'un sérieux problème sexuel.

Analyse du caractère

agressivité

- des griffes pour figurer les mains
- dents bien en vue
- ombres excessives
- bouche soulignée en rouge
- silhouette de profil
- poings fermés

anxiété

- ratures continues
- trait léger ou interrompu
- noircissements excessifs sur un ou plusieurs éléments du personnage

curiosité

- grands yeux
- grandes oreilles
- yeux très détaillés

détermination

- menton en évidence ou pointu
- trait sûr et appuyé

expansivité

- bras ouverts
- mains ouvertes et bien représentées

exubérance

- grosse tête
- formes amples
- membres inférieurs bien représentés
- richesse des détails

fragilité

- tronc mince
- pression graphique irrégulière ou utilisation du clair-obscur
- pieds à peine esquissés

insécurité

- pieds absents ou mal dessinés
- trait hésitant

maîtrise de soi

- tronc fort et grand
- dimensions moyennes du personnage
- position correcte sur la feuille
- couleurs appliquées d'une main sûre

maturité émotionnelle et affective

- harmonie de la silhouette
- cou présent et bien structuré

narcissisme

- longs cils
- cheveux bouclés ou arrangés
- colliers
- couleurs vives, surtout sur les vêtements
- ornements variés, cœurs, fleurs, chiffres ou lettres écrits sur les habits

pauvreté d'expression

- ratures
- trait malhabile
- diverses disproportions
- éléments dessinés avec peu de soin

peur de grandir

- personnage de petite dimension
- surface de la feuille peu utilisée
- hachures délicates et à peine perceptibles

piètre estime de soi

- membres supérieurs et inférieurs à peine esquissés
- personnage de petite dimension
- retouches et ratures
- trait incertain

sécurité

- trait marqué, mais linéaire et continu
- personnage complet et bien délinéé
- personnage sexuellement bien différencié

sérénité

- visage à l'expression calme
- dessin harmonieux
- bonnes proportions

sexualité inhibée

- mains cachées ou absentes
- membres inférieurs mal représentés
- vêtements sobres et dépouillés

sexualité précoce

- dents bien visibles
- nez proéminent ou fortement coloré
- langue sortie
- cheveux longs ou arrangés

timidité

- visage rouge
- surface de la feuille peu occupée
- personnage petit et situé au bas de la feuille
- couleur noire très présente

traumatismes subis

- membre en question plus petit, plus étroit ou, d'une manière ou d'une autre, mal représenté

Le test de l'arbre

Le test de l'arbre est depuis toujours considéré comme un outil efficace pour comprendre les aspects plus authentiques, mais cachés, de la personnalité. Du point de vue psychanalytique, l'arbre est le symbole du Soi, c'est-à-dire de cette énergie qui investit la personne tout entière et en révèle la véritable essence.

L'auteur du dessin peut être un petit enfant, une petite fille ou un petit garçon: l'arbre les représente tous, chacun avec son propre caractère, ses propres émotions et sa propre personnalité en formation, unique et spécifique. Chaque détail de cette épreuve graphique a une signification précise qui se transforme en un langage clair: le positionnement de l'arbre sur la feuille, les racines, le tronc, la présence d'un papillon, les branches qui s'ouvrent vers le ciel, une feuille qui tombe, les couleurs, vives ou amorties, les zones non coloriées...

PROCÉDURE DU TEST

Voici ce qu'il faut mettre à la disposition de l'enfant:

- ***un crayon***
- ***une gomme***
- ***un taille-crayon***
- ***sept couleurs (bleu, vert, rouge, jaune, violet, marron et noir)***
- ***quelques feuilles de papier sans quadrillage***

Il est bon d'inviter l'enfant à effectuer son dessin à "main libre", sans utiliser de règles ou d'équerres qui entravent la spontanéité de l'exécution et limitent les possibilités interprétatives.

On s'adresse à l'enfant en lui disant simplement: "*Dessine un arbre quelconque, comme il te vient à l'esprit. Ensuite, si tu veux, tu peux le colorier.*" A chacune de ses questions, il faudra lui répondre sans l'influencer d'aucune manière; on pourra lui dire, par exemple: "*Comme tu le désires, comme tu veux.*"

Pour ce test aussi, il n'y a pas de limite de temps. Quand l'enfant fera comprendre qu'il a achevé son travail, vous pourrez lui demander s'il est certain de l'avoir fini.

EVOLUTION DU DESSIN

L'arbre représente la personne même qui dessine. Même s'il n'a jamais vu une plante, un arbuste, un buisson, l'enfant est pourtant en mesure de les dessiner. Au début, il s'agira seulement d'une sorte de ligne verticale, d'une barre avec quelques fanfreluches, jusqu'à ce que, peu à peu, l'arbre prenne forme. Evidemment, dessiner un arbre est plus difficile que dessiner une maison ressemblant à la lettre A et composée de lignes simples croisées. Le dessin complet de l'arbre n'apparaît en effet que vers 4-5 ans.

Il est toujours fascinant et instructif d'observer les dessins d'un même enfant à des âges différents: on constate alors des mutations dues à la croissance et parfois des signes de troubles ou d'interférences éventuels.

Chez l'enfant de 4-5 ans, quand la volonté de représenter est bien structurée et que les capacités graphiques permettent de réaliser un dessin achevé et reconnaissable, l'arbre est exécuté avec des traits élémentaires et fondamentaux: il arrive souvent qu'un trait, unique ou simplement doublé, pas nécessairement fermé aux extrémités, soit déjà une ébauche d'arbre.

PAPÀ
2 FIGLIO
3 MAMMA
FIGLIA

PAPÀ
MAMMA
BIMBO
CUORE DI TUTTI E TRE

FIGLIO MAGGIORE
PAPÀ
FIGLIA
MADRE

MADRE
PADRE
FIGLIO

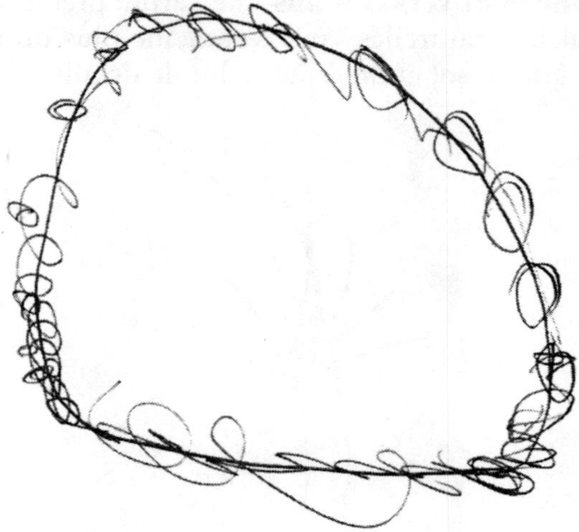

Assez vite, cependant, ce dessin se ferme à son extrémité supérieure. Sur cette ligne de fermeture et sur les contours, poussent ensuite des traits fins qui représentent les branches.

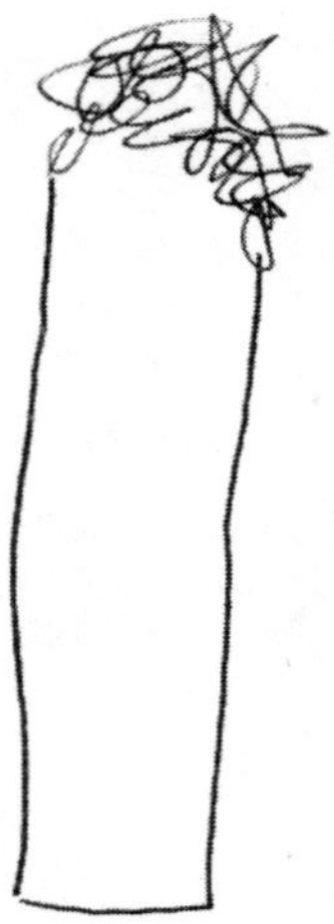

C'est seulement vers 5-6 ans que l'arbre prend forme et est doté de couleurs naturelles, qu'il s'enracine plus ou moins profondément dans le sol et qu'il s'enrichit de détails.

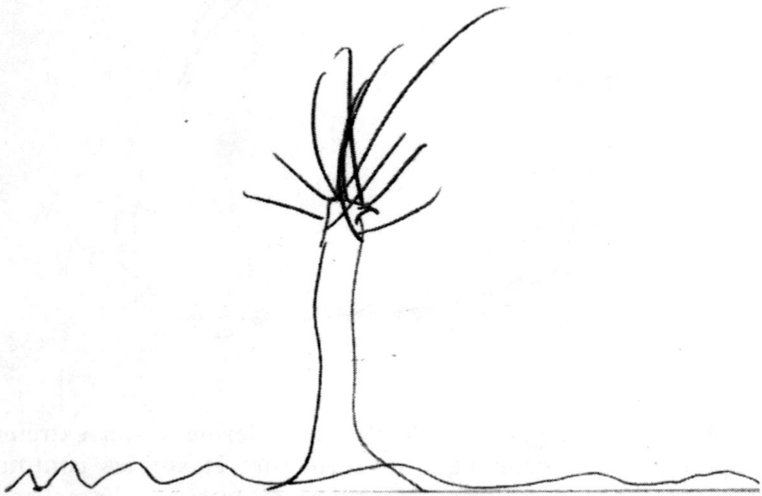

Vers 7 ans, quand l'enfant va désormais à l'école, l'arbre évolue, et prend des proportions plus réalistes et des formes semblables aux véritables arbres.

Occupation de l'espace

La position de l'arbre sur la feuille – qui représente l'environnement – est d'une importance fondamentale. L'enfant extraverti explore sans crainte l'environnement et son dessin occupe **pratiquement tout l'espace de la feuille :** c'est un enfant qui se déplace en long et en large sans aucune inhibition, avec enthousiasme et générosité jusqu'au point d'être considéré comme envahissant.

L'enfant qui situe l'arbre **en haut** manifeste une nature imaginative : c'est un idéaliste et un rêveur. En ce qui concerne ses attitudes intellectuelles, on pourrait dire que les études littéraires et philosophiques sont un de ses points forts.

L'arbre situé au milieu de la feuille dénote chez l'enfant le besoin de se sentir encore au centre de l'attention.

L'arbre situé en bas, avec beaucoup d'espace au-dessus est plutôt fréquent chez les enfants plus petits. S'il est dessiné par un adolescent, il faut en revanche se demander dans quelle mesure il est prêt à affronter la vie à l'extérieur du contexte familial. En général, ce n'est pas le cas : il éprouve encore le besoin d'être protégé et rassuré. L'adolescence est un âge critique, caractérisé par une forte ambivalence entre le désir d'autonomie et le besoin, encore présent, de soutien et de protection.

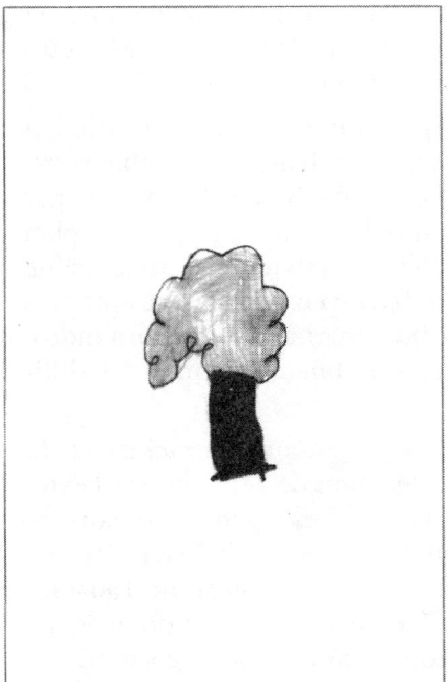

INTERPRÉTATION

Les trois zones

Les trois éléments fondamentaux que l'on observe lors de l'interprétation du test de l'arbre sont les racines, le tronc et le feuillage.

Les **racines** symbolisent l'affectivité, parce qu'elles sont associées à la Terre Mère qui nourrit et soutient l'arbre tout entier. C'est une partie fondamentale de l'arbre, sans laquelle il serait seulement posé sur le sol et il lui manquerait la sève indispensable à sa survie. Par analogie, les racines représentent la vie du Moi qui, protégé et nourri par l'affection et l'amour maternels, se fortifie et grandit dans l'équilibre et la sécurité. Les racines évoquent le monde des émotions, le lien qui s'établit entre la mère (les racines) et le fils (le tronc). Ce monde émotionnel et instinctuel demeurera constamment dans la mémoire du sujet et c'est de cette zone obscure et cachée dans le sol que le Moi puisera toute l'énergie nécessaire pour affronter la vie.

Le **tronc** symbolise le Moi, la perception de soi et le sentiment de sécurité de l'enfant. Un tronc mince dénote une faible résistance face aux difficultés et le besoin d'être aidé et protégé par l'adulte: l'enfant se perçoit comme fragile, y compris au plan physique. Un tronc gros et bien délinéé indique une personnalité bien structurée, fondée sur la confiance en soi et en ses propres capacités. La stabilité d'un tronc bien marqué est aussi un indice de force physique, laquelle permet de mieux affronter les difficultés de la vie.

Le **feuillage** est le résultat de l'intégration des racines et du tronc et elle symbolise ainsi la projection de l'enfant vers l'extérieur. Les branches grandissent et se développent en dehors de l'espace occupé par le Moi (le tronc). Elles symbolisent l'ouverture ou la fermeture par rapport à la communication, l'adaptation, la solidarité et l'amour. Le feuillage symbolise donc également la capacité de l'enfant à redimensionner son égocentrisme (représenté dans le dessin par un tronc imposant) pour envoyer ses énergies vers l'autre (les branches).

Analyse des éléments de l'arbre

Un petit arbre symbolise la timidité et l'introversion. L'enfant travaille volontiers tout seul, choisit des amis peu remuants et il ne dédaigne pas les câlins.

En revanche, **un arbre grand et qui occupe toute la feuille** est l'œuvre d'un enthousiaste et d'un extraverti. Un tel enfant veut toujours rester en compagnie des autres, il est généreux, détaché des biens matériels, à tel point qu'il offre souvent ses jouets.

Le choix d'arbres inhabituels a une signification précise.

Le sapin indique que le petit garçon est nostalgique, très lié à la famille et qu'il a des valeurs traditionnelles. Le sapin est le symbole de Noël: il représente la joie, l'intimité et le besoin de se réunir avec des êtres chers. L'enfant qui dessine un sapin a un caractère affectueux, il a besoin de protection, de sécurité et d'une atmosphère sereine; il n'aime pas qu'il y ait trop de gens autour de lui, préférant un petit cercle d'amis fidèles. Le fait de le stimuler affectivement sera très efficace car, étant timide, il craint de faire mauvaise impression, surtout vis-à-vis des enfants de son âge. Il aime se mettre à l'écart et ses jeux préférés sont prenants et individuels. S'il rencontre des difficultés, il se décourage facilement et réagit avec des attitudes infantiles par rapport à son âge.

Le cyprès est l'arbre typique d'un enfant réfléchi et peu disert qui pourrait être prédisposé à la poésie ou à la littérature et qui a un sens esthétique marqué.

Le saule pleureur est un signe de refus de l'anonymat. Il symbolise une élégance innée et une ferme volonté de ne pas se laisser dominer. On peut également entrevoir des moments de tristesse et un besoin de recueillement. L'adolescent qui dessine un saule a des attitudes particulières envers l'univers du graphisme et de la photographie.

L'arbre portant des fruits est considéré comme un symbole d'abondance et de productivité. Il indique la richesse des sentiments, le désir de donner et de rendre heureux les gens. L'enfant qui dessine un tel arbre a en lui le désir de devenir quelqu'un d'important, d'avoir quelque chose à donner. Il va naturellement au secours de son prochain, venant en aide à celui qui en a vraiment besoin. C'est un extraverti qui se consacre spontanément aux autres, peut-être à la recherche d'affection. Il a beaucoup d'amis qu'il sait convertir à son enthousiasme, et il est souvent choisi comme leader du groupe. Son caractère ouvert lui permet de s'insérer facilement à l'école, où il réussit bien dans toutes les matières qui requièrent de l'imagination et de l'inventivité.

Si les fruits sont attachés aux branches mais sont comme suspendus dans le feuillage de l'arbre, ils signalent alors une tendance à la mélancolie, une piètre confiance en soi et en son potentiel.

Les fleurs, les champignons, l'herbe, un petit escargot ou d'autres éléments destinés à orner la base de l'arbre sont très significatifs: ils symbolisent l'imagination, la sensibilité et la douceur, ainsi que le début du développement sexuel. L'enfant a un rapport harmonieux avec la nature et avec ses parents.

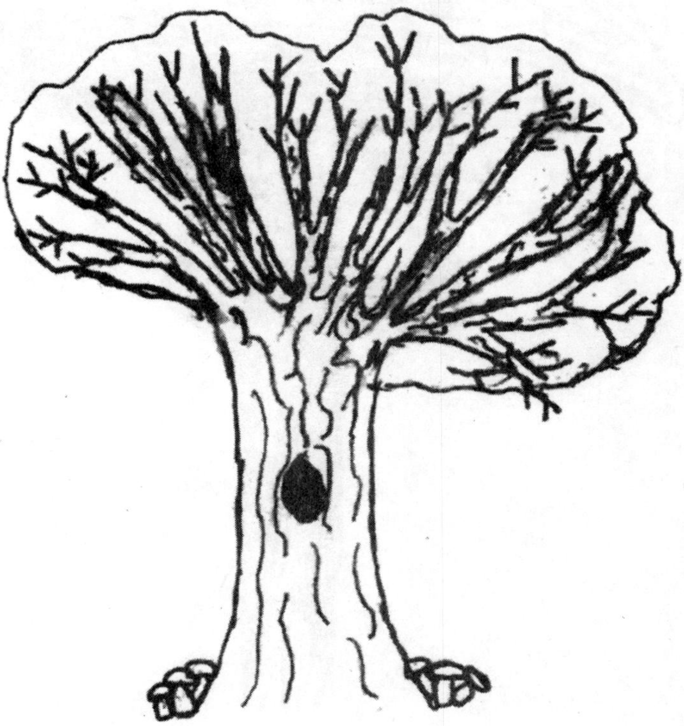

Les petites branches sur le tronc. Dessinées plus fréquemment par les garçons, elles indiquent une sexualité qui est en train d'évoluer. L'adolescent est en pleine transformation : la voix mue, les premiers poils poussent et même le caractère change : le garçon recherche la présence et l'appui du père plutôt que de la mère.

Les fillettes embellissent plus facilement le dessin avec **des fleurs, des papillons et des arcs-en-ciel.** Elles sont plus romantiques et pleurent plus facilement. L'affectivité est fondée sur les sentiments, sur la tendresse et sur le besoin de plaire. Pour elles, la complicité avec la mère est plus facile.

Les **feuilles qui tombent** expriment un tempérament sensible et impulsif, avec des notes de mélancolie qui ont des effets sur la stabilité de l'humeur. L'enfant perçoit avec une sensibilité particulière tout ce qui se passe autour de lui : âme sensible, il n'a pas une grande capacité de résistance aux frustrations. Son caractère est empreint de nostalgie mélancolique. Timide et réservé, c'est un enfant qui a besoin d'un espace à lui pour se ressourcer, et d'approbations pour donner le meilleur de lui-même.

Les **feuilles dessinées une par une sur les branches** expriment la vivacité, la générosité et le désir d'agir activement.

L'arbre dessiné avec un nid ou un nœud sur le tronc indique un besoin de protection et de recueillement. Il signale un lien étroit avec la mère: l'enfant a encore besoin d'être dorloté et nourri (nid avec un écureuil et/ou des glands) pour pouvoir exprimer complètement son propre potentiel. Il n'est pas lent, mais il a besoin de rythmes temporels particuliers. Ses sentiments sont riches et chargés d'émotions et il sera toujours lié aux souvenirs familiaux dans lesquels il puisera un soutien affectif. C'est un être qui reste à découvrir, car il a tendance à garder tout dans son "nid". Il préfère jouer et travailler en petits groupes, dans une atmosphère sereine, silencieuse et chaleureuse.

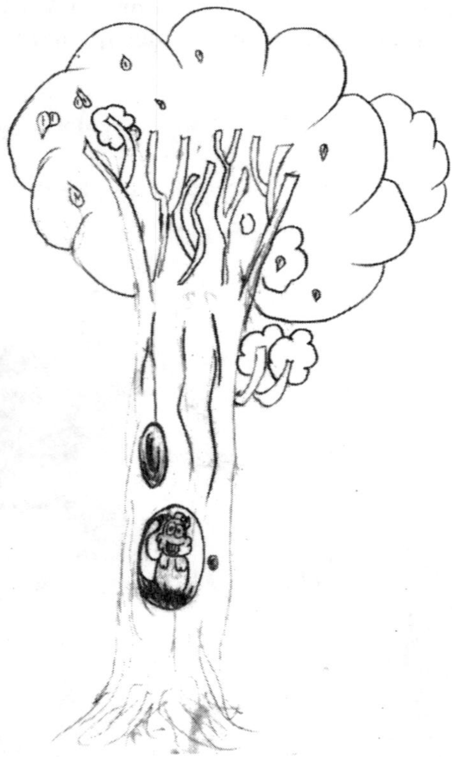

Un arbre prolongé de nombreuses racines indique un fort attachement de l'enfant à sa mère et à sa famille, qui lui donne un sentiment de sécurité et de fierté. Cela lui permet une bonne adaptation et la capacité d'affronter les difficultés de la vie. Il ne se décourage pas à la suite d'un échec : il cherche à le surmonter et à s'améliorer sans cesse davantage. Sa stabilité émotionnelle le préserve des effondrements et lui procure un sentiment de confiance et de sécurité.

L'arbre sans racines, parfois avec une ligne horizontale qui représente le sol, symbolise une figure maternelle qui soutient et protège l'enfant, mais ne peut le nourrir, parce que le contact avec la terre fait défaut. N'étant pas "nourri", l'enfant se sent "affamé d'amour" et manque donc d'assurance au plan émotionnel. Il suffira d'une "rafale de vent" pour qu'il se sente abandonné et fragilisé. Ses échecs scolaires et sa peur d'entrer dans le monde des adultes, par exemple, sont en grande partie imputables à une figure féminine peu présente, surtout dans les premières années de la vie : il a manqué à l'enfant une présence rassurante capable de répondre à ses besoins.

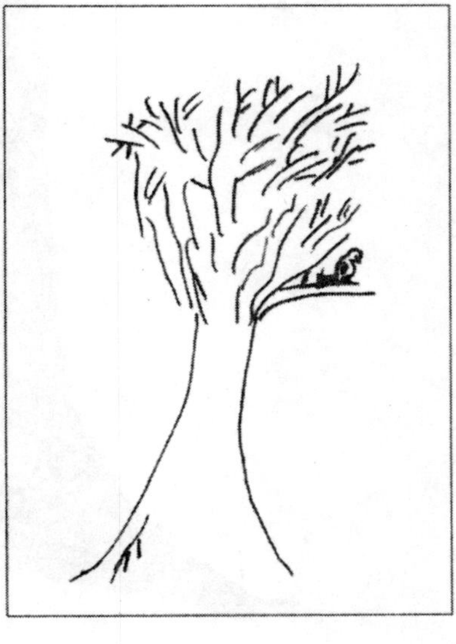

Le **soleil**, dessiné plus ou moins près de l'arbre, symbolise la figure paternelle. Un tel élément, par ailleurs très fréquent chez les enfants d'aujourd'hui, est une revendication précise adressée au père pour qu'il s'occupe d'une manière plus active du "jeune arbre".

Analyse du caractère

adaptabilité

- feuillage étendu avec des formes aériennes
- tronc bien proportionné
- trait sûr
- couleurs vives
- des fruits sur les branches
- ligne horizontale qui indique le sol

ambition

- grand tronc
- branches épaisses et longues
- la ligne du sol est longue

anxiété

- petites dimensions
- préoccupation pour la symétrie
- fruits sans branches, presque suspendus
- teintes pastel clair
- trait léger et/ou interrompu
- ratures
- présence d'un nid

autonomie

- bonnes proportions respectives du tronc, des racines et du feuillage
- trait sûr
- utilisation des couleurs avec un sens esthétique

fermeture

- tronc long et mince
- feuillage sans branches

• feuillage en forme de petits nuages séparés
• branches enchevêtrées
• ratures
• absence de racines

égocentrisme

• tronc dominant par rapport au feuillage
• tronc colorié
• pression forte et énergique

extraversion et enthousiasme

• grand arbre
• trait sûr
• branches étendues à droite et à gauche
• racines bien représentées
• couleurs fortes et vives

imagination

• feuillage dominant par rapport au tronc
• positionnement de l'arbre en haut sur la feuille
• abondance de détails: fleurs, champignons, arc-en-ciel, herbe ...

mélancolie

• feuilles qui tombent ou feuilles mortes
• sapin
• tronc avec des stries verticales
• couleurs légères

narcissisme

• grand tronc
• racines étendues et bien représentées
• feuillage petit et aux contours bien délinéés

paresse

- feuillage plus grand que le tronc
- trait faible
- geste appuyé et lent

régression

- arbre dessiné à gauche et en bas
- nid avec de petits animaux
- racines étendues ou absentes

rigidité et contrôle de soi

- tronc mince et linéaire
- espace de la feuille peu occupé
- formes retenues et stylisées
- trait malhabile
- racines absentes ou à peine ébauchées

sexualité précoce

- nœuds le long du tronc
- fleurs sur le sol
- papillons ou oiseaux posés sur les branches
- choix du rouge, du jaune et du violet

traumatismes passés

- lignes horizontales qui traversent le tronc
- lignes horizontales sur les côtés du tronc pour figurer l'horizon
- le noir comme couleur dominante

Le test de la maison

Le dessin d'une maison a un important contenu émotionnel; il représente le mode de vie de l'enfant, ses rapports avec ses parents, son rôle au sein de la famille et la façon dont il se prépare à affronter le monde extérieur.

La maison, très récurrente dans les dessins d'enfants, est déjà présente, bien que non reconnaissable, dans les gribouillages. Depuis qu'il est tout petit, donc, l'enfant exprime le désir de vivre sous un "toit sûr", à l'abri des dangers que l'environnement extérieur peut présenter.

Quelques spécialistes ont associé la maison au *visage maternel:* le toit représenterait le feuillage, les fenêtres, les yeux, et la porte, la bouche. Il s'agit d'un anthropomorphisme qui revient très souvent, surtout chez les plus petits, qui renforce l'idée selon laquelle l'enfant projette dans le dessin ses propres perceptions émotionnelles.

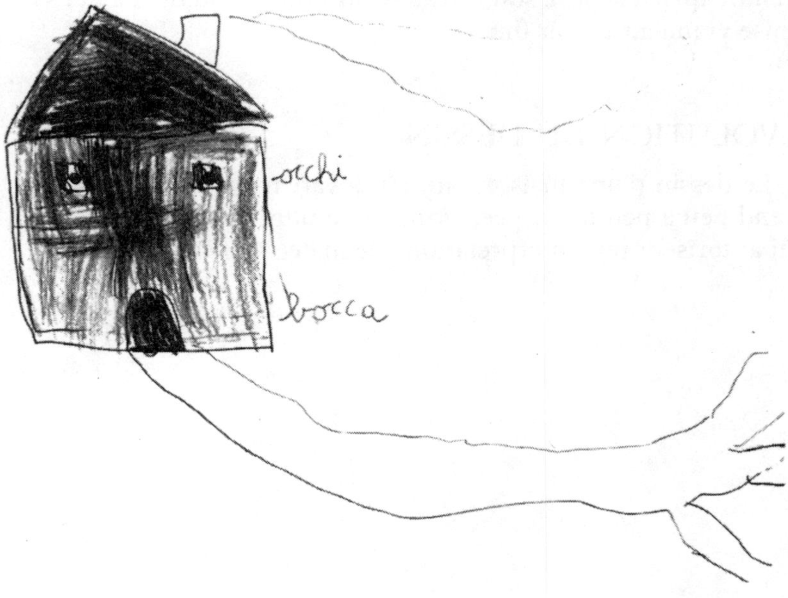

Procédure du test

Voici ce qu'il faut mettre à la disposition de l'enfant:

- ***un crayon***
- ***une gomme***
- ***un taille-crayon***
- ***sept couleurs (bleu, vert, rouge, jaune, violet, marron et noir)***
- ***quelques feuilles de papier sans quadrillage***

Il est bon d'inviter l'enfant à effectuer son dessin à "main libre", sans utiliser de règles ou d'équerres qui entravent la spontanéité de l'exécution et limitent les possibilités interprétatives.

On s'adresse à l'enfant en lui disant simplement: "*Dessine une maison quelconque, comme elle te vient à l'esprit. Ensuite, si tu veux, tu peux la colorier.*" A chacune de ses questions, il faudra lui répondre sans l'influencer d'aucune manière; on pourra lui dire, par exemple: "*Fais ce qui te semble le plus juste.*" Pour ce test également, il n'y a pas de limite de temps. Quand l'enfant fera comprendre qu'il a achevé son travail, vous pourrez lui demander s'il pense vraiment l'avoir fini.

Evolution du dessin

Le dessin d'une maison, qui au départ n'est pas bien défini, prend peu à peu des aspects sans cesse plus détaillés et évolués qui autorisent une interprétation adéquate.

A 4-5 ans, le dessin présente des traits simples et essentiels desquels nous tirerons peu d'éléments interprétatifs, mais qui sont cependant très significatifs. C'est grâce à son habileté et à son expérience que celui qui interprète le test pourra comprendre ce que l'enfant veut effectivement exprimer à l'adulte

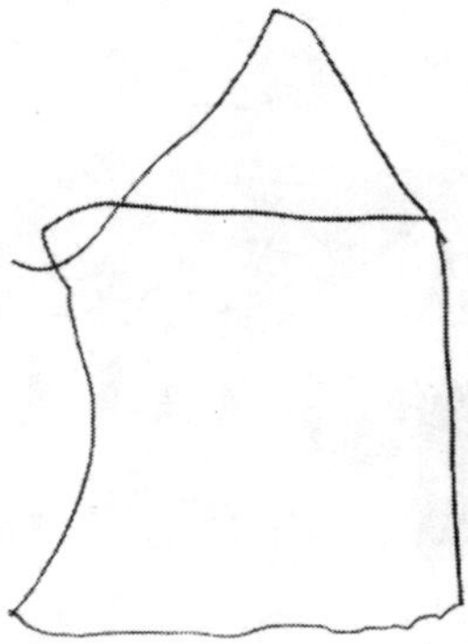

De 5 à 6 ans, la maison est plus riche en éléments et en détails, mais elle ne perd pas la structure de base qui nous sert pour l'interprétation. Elle peut donc être grande, petite, exécutée d'un trait sûr ou continuellement effacé, dotée d'une cheminée avec ou sans fumée ...

A sept ans, le dessin d'une maison s'intègre facilement dans un environnement enrichi d'autres éléments: le soleil, un arbre, des nuages, une route ou même un paysage tout entier.

L'interprétation du dessin d'une maison doit tenir compte du fait qu'il s'agit toujours d'un test projectif: c'est-à-dire que l'enfant se projette lui-même dans le dessin. Au-delà de l'âge chronologique, donc, nous pourrions trouver des dessins enrichis de détails chez des enfants plus petits, et des maisons dépouillées chez des enfants plus grands.

Interprétation

Une grande maison est un symbole de joie et d'accueil; elle est accueillante et donc prédispose à l'hospitalité.

L'enfant qui dessine une grande maison démontre qu'il est spontané, ouvert sur la vie et sur la nature. D'un caractère impulsif et chaleureux, il est capable de se montrer affectueux et amical. Sa maison sera donc toujours ouverte et à la disposition de ses amis, parce qu'il aime qu'elle soit pleine de vie et de chaleur. Nous pourrions le définir comme un enfant altruiste et extraverti.

Une petite maison symbolise le recueillement et l'intimité, lesquels permettent, dans les moments de fatigue, de trouver un réconfort.

L'enfant a un caractère introverti (mais pas fermé) et timide: il a constamment besoin de confirmations de la part des membres de sa famille, avant d'affronter les obligations qu'exige la société ou les relations avec les enfants de son âge. La famille est pour lui une ancre, un abri qui lui procure un sentiment de sécurité et qui, à l'image de la couverture de Linus, lui donne le sentiment d'être à l'abri de toutes les difficultés. C'est un enfant qui a donc besoin d'encouragements et de confiance pour pouvoir donner le meilleur de lui-même et réussir à surmonter sa timidité.

L'enfant qui dessine une **maison sous l'aspect d'un château** est un caractère fort, qui veut envoyer des messages de puissance, de richesse et d'imagination.

C'est le dessin typique de l'enfant qui aime rêver et inventer des personnages ou des amis imaginaires avec lesquels il converse dans un monde qui n'appartient qu'à lui. Il pourrait s'agir d'un futur écrivain et, dans ses récits, on trouve toujours un élément de magie, d'invention, d'aventure. D'un caractère bon, généreux et malléable, il pourrait toutefois rencontrer quelques difficultés dans ses études, parce qu'il est facilement distrait.

Portes et fenêtres condamnées sont un indice de fermeture et de difficulté à sortir du refuge protecteur pour vivre d'une manière libre.

Les enfants qui dessinent une porte avec un verrou ou des fenêtres avec des barreaux en croix, comme celles d'une cellule, se sentent prisonniers de situations conflictuelles au sein de la famille. Ce peut être dû à une tendance à la surprotection de la part des parents, ou bien à des sentiments d'abandon qui provoquent chez l'enfant des réactions de repli sur soi et de refus du dialogue. Il s'agit généralement d'enfants qui ont beaucoup de mal à exprimer leurs sentiments et à se socialiser. Ce type de dessins peut également indiquer un grand malaise avec de possibles répercussions sur la santé.

Une maison dessinée en perspective est toujours le signe d'un trouble lié à l'instabilité émotionnelle, à un sentiment d'infériorité ou à un conditionnement éducatif générateur d'anxiété et d'un manque de confiance en soi.

Une maison qui tend à s'élargir vers le haut indique chez l'enfant une tendance au jugement critique, parfois exagéré, et une tendance au rêve et à la mélancolie. En revanche, une maison qui s'élargit vers le bas indique des sentiments d'infériorité, une rigidité de comportement, et une appréhension parfois non fondée.

Une maison dont le toit est aplati ou très élargi révèle un trouble au sein de la famille. L'enfant a l'impression d'étouffer à cause de parents trop exigeants et il peut réagir de manière agressive. Dans le test de la figure humaine, le chapeau doit être interprété de la même manière.

Un grenier sous le toit de la maison, signalé parfois par une lucarne, signale un enfant doté d'une imagination très vive mais contrariée par des interdits. L'enfant se réfugie alors dans son "grenier", où il peut tranquillement laisser libre cours à son imagination.

Une cheminée fumante sur le toit signifie qu'il y a un feu à l'intérieur de la maison, autour duquel la famille se réunit pour se réchauffer. C'est du moins ce que perçoit et représente l'enfant.

Si en revanche **la cheminée n'émet pas de fumée** ou est tout simplement manquante, cela signifie que la communication est absente au sein de la famille et que l'enfant souffre de l'absence d'un rapport affectif gratifiant.

Une antenne de télévision fixée sur le toit de la maison représente l'attention particulière dont fait preuve l'enfant pour tout ce qui se passe autour de lui. L'antenne a la même valeur symbolique que les oreilles dans le dessin du personnage et, comme telle, symbolise la vigilance, l'attention et la diligence. Il s'agit d'un enfant qui "a des antennes"!

La porte symbolise la façon dont on entre en contact avec l'environnement. Fermée et sans poignée, elle indique la prudence, la timidité et des difficultés relationnelles. Si par contre la poignée est bien visible, c'est que l'enfant est disponible et extraverti. Des serrures ou des verrous mettent en lumière un sentiment de culpabilité (en général lié à la sexualité), une peur du contact, une crainte d'être vu et jugé.

Deux portes, éventuellement sur deux côtés de la même maison, font penser à un conflit entre les parents, ce qui peut signifier une véritable séparation ou la peur que celle-ci ne se produise.

Les fenêtres représentent la possibilité pour l'enfant d'observer l'environnement extérieur de l'intérieur de la maison et d'être, de son côté, observé de l'extérieur. C'est donc une indication du mode de communiquer de l'enfant, altéré toutefois par des conditionnements, des règles de comportement et divers interdits imposés par la famille.

Des fenêtres ouvertes ou grandes ouvertes signalent un esprit curieux, ouvert sur le monde extérieur, et qui ne craint pas le jugement d'autrui. **Des fenêtres fermées** signifient le besoin de se protéger du sans-gêne d'autrui et des yeux indiscrets; elles indiquent donc la fermeture et la prudence dans les relations.

Une maison dessinée sans fenêtres (surtout à partir de l'âge de 5-6 ans) indique que l'enfant a la sensation de ne pas pouvoir affronter la réalité en raison d'une éducation étouffante. Il s'agit d'un enfant très protégé, même trop et, pour cette raison, très fragile.

Des fenêtres très grandes signalent un enfant au caractère envahissant qui a besoin de grands espaces pour investir toutes ses énergies. En revanche, des fenêtres ornées de rideaux, de gribouillis ou de vases de fleurs indiquent un enfant sensible, tendre et craintif, doté d'un sens esthétique et qui a grand besoin de faire bonne impression.

Si autour de la maison il y a une clôture ou une palissade, cela signifie que l'enfant éprouve une sensation d'isolement, provoquée par exemple par les parents qui lui interdisent d'inviter des amis à la maison.

Les arbres dessinés autour de la maison indiquent le besoin de l'enfant de trouver affection, protection et sécurité chez lui, pour pouvoir s'exprimer ensuite avec un grand sentiment de sécurité à l'extérieur de la maison.

Une maison dessinée dans le lointain, éventuellement petite dans un paysage vaste et riche de détails, symbolise des sentiments de tristesse dus à “l’éloignement émotionnel” (donc pas nécessairement réel) par rapport à la famille. L’enfant exprime ainsi une demande de plus grande attention.

La présence d'un chemin mérite un approfondissement particulier. Dans la dernière année de l'école maternelle et au début de l'école primaire, les enfants le représentent très souvent, malgré la difficulté du dessin en perspective.

Le chemin, comme prolongement de la maison, indique symboliquement la possibilité de sortir du noyau familial pour suivre la route qui conduit au monde social. Le chemin peut en outre représenter le désir de l'enfant de rentrer périodiquement dans sa famille – un symptôme de régression ou au contraire de compensation en raison d'une vie "extérieure" trop pénible.

Un chemin tortueux indique un caractère exigeant. L'enfant aime vérifier chaque chose en personne; s'il rencontre un obstacle, il aura tendance à le contourner; il n'aime pas demander de l'aide parce qu'il est orgueilleux; il a une intelligence sélective, perspicace, curieuse et une habileté manuelle qui le prédispose aux jeux de constructions.

Un chemin linéaire, qui va vers le bas, est caractéristique d'un enfant au caractère ouvert et sachant écouter les autres. Il accepte les suggestions et les conseils des personnes plus âgées que lui; il préfère jouer au grand air, pour ensuite rentrer à la maison riche d'expériences nouvelles.

Le chemin qui bifurque indique une incapacité à faire des choix due à la peur de se couper de l'affection familiale. Il s'agit en général d'enfants ouverts et communicatifs qui veulent se sentir aimés et acceptés. Ils travaillent bien en groupe, mais en silence.

Un chemin qui bifurque vers le haut de la maison après une grande courbe est typique des enfants qui, craignant d'être jugés, préfèrent s'inventer des alibis ou des défenses pour éviter toute confrontation avec les autres. Perfectionnistes, ils ont tendance à se renfermer sur eux-mêmes comme des hérissons et, comme ces derniers, ils peuvent piquer, surtout si on les touche dans leur amour propre. Quand ils rentrent à la maison, cela ne se passe pas toujours très bien, et cela peut donner lieu à des réactions négatives s'ils ne trouvent pas un accueil conforme à leurs attentes. Ce sont des enfants très autonomes qui s'intègrent bien dans la société.

Un chemin qui se termine brusquement comme s'il était sans issue indique un caractère sélectif et introverti, qui ne s'implique pas beaucoup dans ses rapports avec autrui. Assidu et attentif, l'enfant accomplira facilement ses devoirs scolaires et obtiendra de très bons résultats.

Le test de la famille

Le test de la famille nous permet de comprendre, au-delà de l'exécution graphique plus ou moins réussie, quels sont les événements positifs ou négatifs susceptibles d'influencer la croissance de l'enfant. Nous savons que bon nombre d'interférences peuvent bouleverser l'équilibre du noyau familial: la naissance d'un frère, le succès scolaire de la grande sœur ou, pire encore, celui de la petite sœur – ce qui peut entraîner un sentiment d'infériorité –, la peur irrationnelle de se sentir abandonné par un des parents, l'école avec toutes ses exigences ...

L'enfant qui, à 12 ans, se représente lui-même dans un berceau, se mettant à la place de sa petite sœur âgée de quelques mois, évoque le processus de régression qu'il est en train de vivre: la peur de perdre l'objet d'amour (c'est-à-dire la mère), la peur que l'autre (la sœur, dans ce cas précis) puisse avoir la mère pour elle toute seule. La jalousie qu'il éprouve, mais qu'il n'exprime pas par des paroles parce qu'il a peur de perdre l'affection de la mère, se manifeste à travers des symptômes très divers: énurésie, tics, peur de l'obscurité, mal au ventre, parfois tout simplement parce que l'enfant doit aller à l'école et donc s'éloigner de sa mère ...

Ces situations sont parfois embrouillées et pas toujours bien comprises par l'adulte. C'est là que le langage non verbal peut nous venir en aide, un langage qui nous permet d'obtenir de multiples informations sur la personnalité, la nature émotionnelle et le type de réactions de l'enfant. Même si on ne le lui demande pas, l'enfant, lorsqu'il effectue le test, dessine toujours sa famille et c'est par ce biais qu'il raconte ses problèmes, ses angoisses, ses soucis, la crainte d'affronter la réalité, la peur de grandir ou bien, à l'inverse, la joie, la sérénité et l'amour de la vie.

Mais peut-on encore considérer la famille d'aujourd'hui comme un lieu sûr? L'examen des dessins semble nous démontrer que c'est bien le cas, étant donné que les besoins de l'enfant ne semblent pas avoir changé: il souhaite toujours se sentir aimé, accepté et bien intégré dans le noyau familial.

Procédure du test

On installera l'enfant devant une table à sa hauteur, avec une feuille de papier blanche, un crayon, une gomme et des crayons de couleur, et on lui dira : "*Dessine une famille, celle que tu veux. Tu peux aussi utiliser les crayons de couleur.*" Quand l'enfant aura achevé le dessin, librement et sans influences extérieures, on lui fera quelques compliments pour le récompenser de ses efforts et on l'invitera à parler de la famille dessinée. Il faudra noter soigneusement toutes ses réponses, car elles seront indispensables pour une interprétation correcte.

"*Parmi les personnages que tu as dessinés, quel est le plus sympathique ? Et le moins sympathique ? Quel est le plus heureux ? Et le plus triste ?*" On peut ponctuer chaque réponse d'un "*Pourquoi ?*". Enfin, on peut demander: "*Et dans cette famille, quel est ton personnage préféré ? Qui souhaiterais-tu être ? Peu importe qu'il s'agisse d'un homme ou d'une femme, d'un garçon ou d'une fille.*"

Il est également important d'observer comment l'enfant exécute son dessin:

- **le temps consacré à l'exécution des divers personnages**
- **leur position sur la feuille**
- **le souci plus ou moins présent des détails**
- **la proximité ou l'éloignement des personnages**
- **le premier et le dernier personnage dessiné**
- **les retouches et les ratures**
- **l'omission de quelque personnage de la famille réelle**
- **l'ajout éventuel de personnages imaginaires ou d'animaux**
- **les ressemblances entre les personnages**
- **les attitudes des divers personnages**
- **les expressions sur les visages**

- les positions des bras, des mains et des jambes
- les assemblages de personnages
- les proportions respectives des personnages
- leurs vêtements
- les rôles dévolus aux différents personnages
- un trait sûr ou hésitant
- les déséquilibres dans le schéma corporel d'un ou de plusieurs personnages

Evolution du dessin

En observant le dessin de la famille, il est bon de garder constamment à l'esprit l'âge de l'enfant qui l'exécute. A 5 ans, par exemple, l'enfant vit la période où il s'identifie le plus à ses parents : il s'efforce de recevoir et d'assimiler tout ce qu'ils disent et font; il voudrait rester tout le temps avec eux, mais, dans le même temps, il s'intéresse également au monde extérieur, à la recherche d'autres modèles que ceux de sa famille. En revanche, un enfant de 9 ou 10 ans vit la famille d'une manière plus conflictuelle, non pas parce qu'il ressent moins d'affection pour ses parents ou qu'il en est moins dépendant, mais parce qu'il est à la recherche de son autonomie.

maman *papa* *Lorenzo* *Roberto*

Dans sa représentation des personnages de sa famille, l'enfant nous montre le chemin parcouru pour se débarrasser de son égocentrisme primaire et s'engager graduellement vers l'autonomie.

Il serait erroné de penser que l'enfant ou l'adolescent traverse sa croissance sans problèmes. Pour lui, devenir adulte, c'est comme naître une seconde fois : c'est comme si, après le traumatisme de la naissance, il devait faire l'expérience d'un nouveau traumatisme, celui d'un détachement des figures protectrices. Surmonter ce problème de manière positive, c'est transformer le "cordon ombilical", qui lie au plan émotionnel l'enfant à ses parents, en un lien d'amour unique entre la famille, soi-même et le monde.

INTERPRÉTATION

Le personnage dessiné en premier est celui pour lequel l'enfant éprouve le plus d'admiration; il s'identifie avec lui et cherche à l'imiter en tout, parfois avec quelques difficultés. Cela peut susciter chez lui un état d'anxiété ou la crainte de n'être pas à sa hauteur.

Se dessiner soi-même au premier plan est un signe d'égocentrisme, du besoin de l'enfant de se placer devant tous les autres. L'enfant exprime ainsi un lien de dépendance qui ne lui permet pas encore de se dégager de la famille sans en éprouver une souffrance émotionnelle. Il manifeste ainsi la nécessité, pas entièrement satisfaite, d'être aimé.

L'insatisfaction affective le démotive et se répercute négativement sur le rendement scolaire.

Le fait de **se représenter soi-même** en dernier indique une dévalorisation de soi, un manque de confiance dans ses propres capacités dû à la timidité, au repli sur soi ou, pour le moins, à des difficultés à exprimer son affectivité. L'enfant, à tort ou à raison, ne se sent pas suffisamment rassuré et encouragé.

La dévalorisation de soi est un message important qu'il faut s'efforcer de déceler; il faut aider l'enfant à surmonter cette sensation négative pour qu'il puisse construire une image positive de lui-même, avoir davantage confiance en lui-même et devenir plus autonome.

L'enfant qui, en dessinant sa famille, en **exclut un ou plusieurs membres**, indique clairement qu'il les rejette. Cette réaction peut être due à la jalousie, à la crainte que telle ou telle personne (il peut s'agir d'un petit frère né récemment), puisse devenir plus importante que lui et le priver ainsi d'une partie de l'affection des parents.

la fille

la mère

Le fait **d'ajouter des personnages** à la famille réelle est un signe de compensation à la suite d'un sentiment momentané de solitude. L'enfant recherche de la compagnie pour surmonter la peur du vide affectif, ou bien il compense de cette manière imaginaire des désirs ou des besoins inassouvis.

L'ajout d'un personnage dans la représentation de la famille a la même signification que l'invention d'un ami imaginaire : c'est le signe d'une difficulté de communication avec les enfants de son âge, car l'enfant vit à la maison avec surtout des personnes adultes.

Si **la dimension d'un personnage est réduite**, cela signifie que l'enfant le considère comme un rival potentiel qui ne peut pas être éliminé, mais dont il faut manifestement diminuer l'importance.

le fils *la mère* *le père*

La mise à l'écart d'un personnage met en lumière sa mauvaise insertion, réelle ou supposée, au sein de la famille, et la difficulté qu'éprouve l'enfant à établir avec cette personne un rapport de confiance ou un lien plus intense.

la fille, la fille, la mère, le père

L'effacement d'un personnage est un signe d'intolérance que l'enfant ressent envers lui-même, un ou plusieurs membres de sa famille, mais qu'il ne réussit pas à exprimer ouvertement, car il craint d'être jugé négativement. Une telle hostilité refoulé est plus profonde que le simple oubli, parce que l'enfant vit un conflit entre désir et rejet vis-à-vis de l'autre.

Un personnage excessivement grand est vécu par l'enfant comme une figure dominante et opprimante, à laquelle il convient d'obéir sans discuter. Ce peut être un signe d'inhibition, ou au contraire indiquer la place privilégiée que cette personne occupe dans le cœur de l'enfant.

le fils aîné *le père* *la fille* *la mère*

Omettre les bras ou les mains est une manière de "punir" un personnage que l'enfant considère comme menaçant. C'est aussi le signe d'une sexualité encore mal vécue à cause de la peur du jugement des adultes.

L'ajout d'animaux peut signifier que l'enfant a tendance à camoufler l'agressivité qu'il ressent envers un ou plusieurs personnages de la famille.

le père *la mère* *le fils* *la fille*

L'exclusion de sa propre personne indique que l'enfant à une piètre estime de lui-même, et qu'il a le sentiment de ne pas appartenir à sa propre famille, de se sentir exclu.

Les motivations peuvent être très diverses: la peur d'être menacé ou puni, le sentiment de n'être plus le préféré, la jalousie vis-à-vis de frères nés récemment. Cette jalousie le pousse à adopter des mécanismes de défense qui peuvent aller jusqu'à des comportements régressifs, comme par exemple de sucer son pouce, de faire pipi au lit, ou d'éprouver des troubles psychosomatiques.

le père *la mère*

Le fait de se représenter soi-même avec un sexe différent de son sexe réel peut être le signe d'un refus de son corps, mais peut également révéler une non-acceptation de son propre rôle sexuel. C'est un problème typique d'un garçon à l'âge de la puberté.

Le fait de refuser de dessiner la famille est toujours le signe d'un trouble. Il signale la faible participation émotionnelle de l'enfant à la vie familiale et le manque de dialogue entre les membres de la famille. Lorsqu'on lui demande de représenter la famille, l'enfant éprouve ainsi un blocage qui l'inhibe.

Dessiner une famille d'animaux qui se substituent aux personnages humains dénote un faible sentiment d'appartenance, une souffrance qui a inhibé, chez l'enfant, l'expression spontanée de ses sentiments. Dans le cas, par exemple, d'une séparation, l'enfant aura tendance à privilégier le dessin "masqué" pour éviter de revivre la souffrance éprouvée.

Dans certains cas, d'une façon spécifique et explicite, on peut demander à l'enfant de dessiner une famille d'animaux, au cas où l'on voudrait valoriser les caractéristiques cachées que l'enfant ne pourrait pas manifester dans le dessin normal de la famille.

Le refus de colorier la famille au grand complet est un signe d'apathie, d'une froideur des sentiments due à des événements qui ont glacé l'esprit de l'enfant. C'est toujours un signe d'inhibition due à une éducation trop sévère ou, à l'inverse, trop libre, ce qui fait que l'enfant ne s'est pas senti "réchauffé" par l'affection des adultes.

La présence d'un chapeau sur la tête d'un personnage, d'habitude le père, représente une oppression, un poids qui ne permet pas à l'enfant de grandir librement. Il se sent opprimé par des règles ou des demandes qu'il a du mal à observer et à satisfaire. L'enfant manifeste de cette manière son hostilité et sa résistance vis-à-vis de "l'oppresseur" réel ou supposé.

Qu'un personnage pose son bras sur l'épaule d'un autre – ce qui pourrait apparaître comme un signe d'affection – signifie en fait que l'enfant a le sentiment qu'on veut le retenir et l'empêcher de découvrir le monde extérieur. Il veut ainsi mettre en évidence les limitations que lui impose l'adulte. Sa liberté semble limitée et sa capacité de socialisation s'en ressentira.

La famille représentée dans un cadre, comme pour un portrait, indique que l'enfant souffre à cause d'une éducation trop rigide. La famille est vécue comme un clan où le devoir, le sens de l'ordre et les règles formelles priment tout le reste. Rien n'est laissé à la spontanéité et à la communication libre. L'enfant signale de cette façon le fort contrôle qu'il exerce sur ses pulsions. N'ayant pas la possibilité de vivre les sentiments et les pulsions liés à son âge, il se charge d'une agressivité qui s'exprime généralement en dehors du milieu familial à travers des comportements querelleurs, une vivacité excessive et un besoin excessif de mouvement.

Le dessin d'une famille dont les différentes composantes sont séparées, chacune dans une pièce avec des occupations diverses et personnelles, indique une communication fragmentée. L'enfant ressent sa famille et sa maison comme s'il s'agissait d'éléments impersonnels, étrangers; ceci, à long terme, risque de favoriser des comportements opportunistes et égoïstes. Sans doute son autonomie et son indépendance en seront-elles favorisées, mais au détriment de sa vie sociale.

Une série de boutons sur les vêtements de l'un des membres de la famille indique le niveau d'affection que ce personnage éprouve pour l'enfant. Elle symbolise un lien solide qui procure à l'enfant un sentiment de sécurité et de sérénité: l'enfant éprouve de l'estime pour cette personne et il a confiance en elle.

A partir de 12-13 ans, ce lien prend un aspect négatif, il accentue la dépendance et limite le désir d'aller vers l'autonomie, ou à tout le moins de se séparer de ses parents au plan émotionnel pour pouvoir établir, spontanément et ouvertement, des relations sociales avec les autres.

Bibliographie

- Edwin Abt, L. Bellak *La psicologia proiettiva*, Longanesi, Milano, 1967
- H. Arthus *Il Villagio. Test di attività creativa*, Os, Firenze, 1968
- H. Aubin *Il designo del bambino disadattato*, Piccin, Padova, 1985
- Louis Corman *Le test du dessin de famille*, PUF, 1982
- L. J. Cronbach *I test psicologici*, Giunti-Barbera, Firenze, 1982
- Françoise Dolto *L'image inconsciente du corps*, Le Seuil, 1995
- Anne Ferraris Oliveiro *Les dessins d'enfants et leur signification*, Marabout, 1980
- K. Koch *Il reattivo dell'albero di Luescher*, Piovan, Padova, 1993
- V. Lowenfeld *L'arte nel vostro bambino*, La Nuova Italia, Firenze, 1965
- G. H. Luquet *Il designo infantile*, Armando, Roma, 1969
- K. Machover *Il designo della figura umana*, Os, Firenze, 1951
- S. Royer *La personalità del bambino attraveso il designo*, Os, Firenze, 1979
- A. Stern *Grammatica dell'arte infantile*, Armando, Roma, 1968
- P. Duquet, A. Stern *Disegno infantile e tecniche grafiche*, Armando, Roma, 1966
- Daniel Widlocher *L'interpretation des dessins d'enfants*, P. Mardaga, Liège Bruxelles, 1988

Achevé d'imprimer sur rotative
par l'Imprimerie Darantiere à Dijon-Quetigny
en novembre 1998

Dépôt légal : 4e trimestre 1998
N° d'impression : 98-1190